In Langtang-Village

Beim Abstieg aus Helambu nach Melamchi Bazaar

Band 152
OutdoorHandbuch
Kay Tschersich
Nepal: Trekking durch Helambu,
Gosainkund und Langtang
Der Weg ist das Ziel

**Nepal:**

Updates Verlagsprogramm Schnäppchen
www.conrad-stein-verlag.de



Der Autor und der Verlag sind für Lesertipps und Verbesserungen (besonders als E-Mail oder auf Diskette) unter Angabe der Auflagen- und Seitennummer dankbar.

Leser, deren Einsendung verwertet wird, werden in der nächsten Ausgabe genannt und erhalten als Dank ein Exemplar der neuen Auflage oder ein anderes Buch ihrer Wahl aus dem Programm des Verlags.

Titelfoto:
Panorama vom Tsergo Ri

# Trekking 

OutdoorHandbuch aus der Reihe "Der Weg ist das Ziel", Band 152

ISBN 3-89392-552-X 1. Auflage 2005



Dieses OutdoorHandbuch wurde konzipiert und redaktionell erstellt vom Conrad Stein Verlag GmbH, Postfach 1233, 59512 Welver, Dorfstr. 3a, 59514 Welver, ☏ 02384/963912, FAX 02384/963913, <info@conrad-stein-verlag.de>, <http://www.conrad-stein-verlag.de>.

Unsere Bücher sind überall im wohl sortierten Buchhandel und in cleveren Outdoorshops in Deutschland, Österreich und der Schweiz erhältlich.

Auslieferung für den Buchhandel:

**D** Prolit, Fernwald und alle Barsortimente

**A** freytag & berndt, Wien

**CH** AVA-buch 2000, Affoltern und Schweizer Buchzentrum

**I** Mappa Mondo, Brendola

Text und Fotos: Kay Tschersich

Karten: Heide Schwinn

Lektorat: Kerstin Becker

Layout: Ulla Ackermann

Gesamtherstellung: Holterdorf, Graphische Betriebe, 59302 Oelde

Dieses OutdoorHandbuch hat 138 Seiten mit 22 farbigen und 7 schwarzweißen Abbildungen sowie 10 Kartenskizzen. Es wurde auf chlorfrei gebleichtem Papier gedruckt und der größeren Strapazierfähigkeit wegen fadengeheftet.

0012900

# Inhalt

# Über den Autor

Seit seiner ersten Reise nach Asien hat die Region Kay Tschersich in ihren Bann geschlagen. Den Ethnologen begeistern die kulturelle Vielfalt der Region und die landschaftliche Schönheit der vielen Hochgebirgsregionen. Er arbeitet als Reiseleiter in Nepal, Indien und Zentralasien.

# Symbole

- Achtung!
- Arzt/Krankenhaus
- Aussichtspunkt
- Bank/Geldwechsel
- Buch-/Kartentipp, Buchladen
- Bus/Busbahnhof
- E-Mail-Adresse
- Einkaufsmöglichkeit/Supermarkt
- Flug
- geöffnet...
- Homepage
- Hotel/Unterkunft
- Information
- Polizei
- Post
- Restaurant/Imbiss
- Telefon
- Tipp
- Trinkwasser
- siehe/Verweis

# Vorwort

Nepal gehört zu den spektakulärsten Reisezielen - und dies keinesfalls nur, weil dort einige der höchsten Berge unseres Planeten aufgefaltet wurden. Das zwischen den Giganten Indien und China eingezwängte Land kann mit allen Klimazonen von tropisch bis alpin-arktisch aufwarten und ist die Heimat von über 70 Völkern und über 50 Sprachen.

Das hinduistische Königreich darf sich, gemeinsam mit Indien, als Geburtsstätte des Buddhismus bezeichnen. Vor allem im Himalaya fühlt sich ein großer Teil der Bevölkerung dieser Weltreligion verbunden.

Nirgendwo können Sie die kulturelle Vielfalt so hautnah erfahren wie im fast beängstigend trubeligen Kathmandu - Synthese einer jahrtausendealten Kultur und der Kakophonie einer Dritte-Welt-Metropole, in der das Chaos einziges Ordnungsprinzip zu sein scheint. Es lohnt jedoch unbedingt, sich auf das Abenteuer einzulassen, und die manchmal versteckten Reize der Stadt zu entdecken.

Eine Trekkingtour in Helambu, Gosainkund und Langtang bietet ein komplettes Kontrastprogramm im ländlichen Nepal. Sie erleben eine Landschaft, die zwar nicht am Fuß eines Achttausenders liegt, aber dem Everest- oder Annapurna-Gebiet in nichts nachsteht.

Wanderstrecken im Schatten von Baumriesen wechseln sich ab mit atemberaubenden Ausblicken auf die Schneegipfel und Hochtäler gleich an der tibetischen Grenze, wo ein Siebentausender, der Langtang Lirung, die Szenerie beherrscht. Im oberen Langtang-Tal, bei schon recht dünner Luft, werden Sie seine Gletscher erreichen.

Die Nähe zu Tibet macht sich auch kulturell bemerkbar, gehören doch die Bewohner der Region dem Lamaismus, der tibetischen Form des Buddhismus, an. Neben dem Volk der Tamang leben hier insbesondere Tibeter und die Sherpa, die mit vielen legendären Gipfelexpeditionen in Zusammenhang gebracht werden.

Die Wanderungen verlaufen auf den alten Verbindungswegen zwischen den Siedlungen bzw. den Hochalmen sowie auf alten Pilgerrouten. So haben Sie täglich die Möglichkeit, einen Einblick in den nepalesischen Hochgebirgsalltag zu bekommen.

In den Dörfern befinden sich auch die einfachen Lodges, die schlichte Übernachtungs- und Versorgungsmöglichkeiten anbieten. Während des beschriebenen Hüttentrekkings und wenn Sie keine weiteren alpinen Extreme vorhaben, können Sie also im gesamten Gebiet auf die Mitnahme von Zelt und größeren Nahrungsmittelvorräten verzichten.

Obwohl sich die Unterkünfte in den letzten Jahren qualitativ verbessert haben, sind die Verhältnisse einfach geblieben. Trotzdem ist die in kurzer Zeit aus dem Nichts entstandene touristische Infrastruktur Zeugnis für einen Unternehmergeist, auf den Nepal dringend angewiesen ist.

Der vorliegende Wanderführer soll es Ihnen ermöglichen, ohne Führer und zusätzliches Kartenmaterial Ihre Tour in den Regionen Helambu, Gosainkund und Langtang selbst zusammenzustellen.

Je nachdem, wie viel Zeit Sie für das Trekking eingeplant haben, können Sie verschiedene Wanderrouten mit unterschiedlichem Schwierigkeitsgrad kombinieren. Die Dauer der denkbaren Trekkingvarianten liegt zwischen einer und etwas weniger als drei Wochen (☞ Einleitung).

Ein wichtiges Anliegen des Buches ist es, Ihnen Land und Leute der Region näher zu bringen. Im gleichnamigen Kapitel finden Sie kurze Abhandlungen zu Geografie, Geschichte und Bewohnern Ihres Reisegebietes.

Für Reisende auf eigene Faust sind die Reise-Infos von A bis Z von besonderem Interesse. Unter den Schlagwörtern von Anreise bis Zoll finden Sie jede Menge wichtige Tipps, die behilflich sind, die üblicherweise in einem Entwicklungsland auftretenden Probleme zu meistern.

Auch rudimentäre Sprachkenntnisse werden mit Anerkennung und Wohlwollen aufgenommen. Dem trägt ein kurzer Sprachführer-Ausflug ins Nepali Rechnung. Und Möglichkeiten, in die fremde Kommunikationswelt einzutauchen, gibt es viele!

Für Ihr persönliches Abenteuer einer Trekkingtour im Himalaya wünsche ich Ihnen viel Spaß und Erfolg.

# Einleitung

Das Trekkinggebiet befindet sich unmittelbar nordöstlich von Kathmandu und ist daher viel problemloser zu erreichen als andere Wandergebiete. Trotzdem zieht es, zu Unrecht (und zum Glück!), weit weniger Bergbegeisterte an, als die bekannteren Regionen am Everest oder an der Annapurna.

Besucher durchwandern entsprechend der stark differenzierten Höhenzonierung eine ganze Bandbreite unterschiedlicher Vegetationsformen vom fast tropisch anmutenden Bergwald in den tieferen Lagen bis zum kargen oberen Langtang-Tal im Inneren Himalaya. Immer wieder beeindrucken unglaubliche Aussichten auf die zum Greifen nahen Gipfel der Himalaya-Riesen.

Spannend sind die Begegnungen mit den Menschen, die unter schwierigen natürlichen Bedingungen eine ganz eigene, stark von Tibet beeinflusste Kultur pflegen. Das Eintauchen in diese fremde Welt bietet eine perfekte Möglichkeit, dem stressigen Alltag zumindest für eine begrenzte Zeit zu entfliehen.

Ein altes Wegesystem verbindet die Siedlungen der ansässigen Bergvölker. Die westliche Grenze markiert das Tal des in Tibet entspringenden Flusses Bhote Kosi, der wenige Kilometer weiter südlich den Namen Trisuli annimmt. Hier verlief bis zur vorübergehenden Schließung der nepalesisch-chinesischen Grenze eine Handelsroute der großen tibetischen Salzkarawanen, die entscheidend zum früheren Reichtum des Kathmandu-Tals beigetragen haben (☞ Land und Leute, Geschichte).

Der Wanderführer umfasst Routenvorschläge in den Regionen Helambu, Gosainkund und Langtang. Die Touren in den Tälern von Helambu und Langtang sowie über die Seenlandschaft von Gosainkund lassen sich sehr gut kombinieren, so dass Sie die Länge Ihrer Trekkingtour zwischen einer und fast drei Wochen variieren können.

Am einfachsten gelangen Sie von der Hauptstadt aus nach Helambu, das auch über die Wintermonate Dezember und Januar besucht werden kann. Die Route verläuft in Lagen unter 3.600 m und ist bei begrenztem Zeitbudget in etwa sieben Tagen hin und zurück zu schaffen. Neben phantastischen Ausblicken auf die Eisgiganten in Richtung Tibet ist die hier lebendige Sherpakultur in den vielen Dörfern am Wegesrand von besonderem Interesse.

Unbedingt zu empfehlen ist die Ausweitung der Tour auf Gosainkund und dann weiterführend nach Langtang. Über den 4.600 m hohen Laurebina La-Pass führt der Weg zunächst aus Helambu heraus zum Seenplateau von Gosainkund. Allerdings ist der Übergang in den Wintermonaten von etwa Mitte Dezember bis Ende Februar (manchmal auch länger) nicht möglich, da dann die Lodges beiderseits des Passes geschlossen sind und häufig Schnee und Eis die Route blockieren.

Den besonderen Reiz Gosainkunds machen die heiligen Seen aus, die sich weit oben auf einer Höhe von über 4.000 m befinden. Jährlich im August, leider außerhalb der üblichen Trekkingsaison, ist eine große Zahl hinduistischer Pilger hierher unterwegs. Sie huldigen dem Gott Shiva, mit dem die Seen in Verbindung gebracht werden.

Für eine Helambu-Rundtour einschließlich der Fahrt von und nach Kathmandu sollten sieben bis acht Tage einkalkuliert werden.

Planen Sie eine kombinierte Tour in mehreren Tälern, so sind Sie vier Tage in Helambu bis unter den Laurebina La-Pass unterwegs, der hinüber nach Gosainkund führt. Für die Passquerung ist ein weiterer Tag zu veranschlagen. Von Gosainkund aus kann nach Syabru Bensi oder zu einem anderen Ort im Trisuli-Tal an der Straße nach Kathmandu, abgestiegen werden (weitere drei Tage). Wer genug hat, kann von hier aus mit dem Bus in die Hauptstadt zurückkehren, was einen weiteren Tag in Anspruch nimmt. Für die Route durch Helambu und Gosainkund sowie den Rückweg nach Kathmandu sollten Sie sich also mindestens 9 bis 12 Tage Zeit nehmen.

Auf jeden Fall lohnend ist auch ein Abstecher in das grandiose Langtang-Tal im Herzen des Hohen Himalaya. Es wird vom über 7.000 m hohen Langtang Himal beherrscht und reicht im oberen Talbereich in der Nähe von Kyanjin Gompa bis an dessen Gletscher heran. Zudem sind hier mehrere Ausflüge in die angrenzende Hochgebirgslandschaft möglich.

Für die talaufwärts führende Strecke werden einschließlich der Ausflüge im oberen Talbereich etwa 4 bis 5 Tage benötigt, zurück ca. 2 bis 3. Die Kombination Helambu, Gosainkund und Langtang nimmt, je nach Planung und Anzahl von Ruhetagen, etwa 14 bis 18 Tage in Anspruch.

Langtang kann natürlich auch unabhängig von Helambu und Gosainkund mit dem Bus von Kathmandu aus besucht werden.

Der Ganja La-Pass, der das obere Langtang-Tal mit Helambu verbindet, wird in einem eigenen Abschnitt behandelt. An dieser Stelle sei aber bereits auf den sehr hohen Schwierigkeitsgrad einer Querung verwiesen (☞ Über den Ganja La)!

# Hinweise zur Benutzung

In der Wanderbeschreibung werden die in Nepal üblichen Ortsbezeichnungen wiedergegeben. Die babylonische Sprachverwirrung der verschiedenen Ethnien (Nepali, Sherpa, Tamang, Tibetisch) und besonders die uneinheitliche Transkription führen allerdings oft zu einem Nebeneinander verschiedener Bezeichnungen.

Die angegebenen **Wanderzeiten** wurden **mit vollem Gepäck** erlaufen und jeweils vom Tagesstart an errechnet. Mit leichtem Tagesrucksack verkürzen sie sich entsprechend. Aufgrund des ständigen Auf und Ab des Wegverlaufes lassen sich Entfernungen nur vage abschätzen, so dass auf entsprechende Angaben verzichtet wurde.

**Wanderhinweise ("rechtes Flussufer") sind immer in Laufrichtung zu verstehen**.

# Land und Leute

*Stupa von Thodong*

# Geografie

Das **Königreich Nepal** ist etwa 147.000 km² groß und nimmt damit weniger als die Hälfte der Fläche der Bundesrepublik Deutschland ein. Das Land erstreckt sich über fast 900 km von Ost nach West und lediglich etwa 200 km von Nord nach Süd. Es befindet sich auf derselben geografischen Breite wie Algerien und Vietnam.

Das heutige morphologische Erscheinungsbild Nepals gründet sich auf ein erdgeschichtliches Ereignis, das vor ca. 60 Mio Jahren stattfand. Damals schob sich die driftende Indische Kontinentalplatte unter die alte Eurasische Platte.

An der Nahtstelle der beiden Landmassen wurde durch den Aufpralldruck das höchste Gebirge der Erde aufgefaltet, der **Himalaya** ("Heimat des Schnees"). Noch heute ist eine geringe jährliche Hebung der Gebirgsmasse messbar. Von der weiter stattfindenden nordwärts gerichteten Bewegung der Indischen Platte zeugen auch die häufigen Erdbeben in Nepal.

Als "Schweißpunkte" auf der kontinentalen "Naht" könnten die 14 Achttausender des gesamten Gebirgssystems bezeichnet werden, von denen sich acht zumindest teilweise in Nepal befinden. Zwischen dem Dhaulagiri (8.167 m) im Osten und dem Kangchenjunga (8.586 m) im Westen drängen sich Annapurna, Manaslu, Cho Oyu, Mt. Everest, Lhotse und Makalu.

Südlich schließen sich an den Himalaya das Bergland und die **Mahabarat-Kette** an, die als eigentliche Entstehungsgebiete der alten nepalesischen Kultur gelten. Hier befinden sich auch die weiten **Täler von Kathmandu und Pokhara**.

Zwischen der Mahabarat-Kette und der indischen Grenze erstrecken sich die Hügelkette der **Siwaliks** und das **Terai**. Während die unwirtlichen "Hügel" der Siwaliks immerhin noch Höhen um 1.500 m erreichen, ist das Tiefland des Terai im äußersten Süden Nepals nur zwischen 60 und 250 m hoch.

Seit die Malariagefahr in dieser ehemaligen "Fieberhölle Nepals" gebannt werden konnte, hat sich das Terai zu einem Siedlungsgebiet mit enormen Zuzugsraten und hoher landwirtschaftlicher Produktivität entwickelt.

Zwischen dem tiefsten Punkt des Landes und den Gipfeln der Achttausender liegen nur etwa 200 km! So sind auf dieser Distanz aufgrund der gewaltigen Höhendifferenz fast alle Klimazonen anzutreffen.

Wenige Kilometer nordöstlich des Kathmandu-Tales beginnen die nord-südlich ausgerichteten Kämme und Täler der Region **Helambu**. Dieses Gebiet entspricht etwa dem Einzugsgebiet des Flusses Melamchi Khola (Khola bedeutet Fluss), der weiter südlich mit anderen Flüssen in den Sun Kosi mündet. Die tief eingeschnittenen und fruchtbaren Täler werden von schroff ansteigenden Bergzügen begrenzt. Im Vergleich mit der weiter im Norden gelegenen Region Langtang weist Helambu deutlich geringere Gipfelhöhen auf.

Das **Langtang-Tal** wird durch einen völlig anderen Landschaftscharakter geprägt. Es liegt nur einige Stunden zu Fuß von Tibet entfernt, wo sich mit dem Xixabangma (Shisha Pangma) auch der nächstgelegene Achttausender befindet. Das Tal wird im Süden von der südlichsten Kette des Hohen Himalaya begrenzt. Diese besteht aus verschiedenen Gebirgszügen (von West nach Ost unter anderem: Gosainkund Lekh und Ganja La Himal) und erreicht mit dem Jugal Himal ihre größte Höhe im äußersten Osten. Im Westen, jenseits des Bhote Kosi türmt sich der gewaltige Ganesh Himal auf.

In Richtung Tibet wird es durch den Langtang Himal, der zum Himalaya-Hauptkamm gehört, geschützt. Diesem Gebirgszug ist auch die mit 7.234 m höchste Erhebung der Region, der Langtang Lirung, zuzurechnen.

Nur wenige Kilometer direkter Distanz trennen den Gipfel des Langtang Lirung von der Einmündung des Flusses Langtang Khola in den Bhote Kosi ("Fluss aus Tibet") am westlichen Talausgang, die auf einer Höhe von 1.450 m liegt.

Diese Höhendifferenz von über 5.500 m auf engstem Raum wird durch dramatisch ansteigende, zerklüftete Massivflanken überbrückt. Im oberen Bereich des Gebiets stoßen aus den Seitentälern des Langtang Himal Gletscher bis fast ins Haupttal hinab.

Im Vergleich zu den viel niedrigeren Alpen sind die Gletscher im Hohen Himalaya relativ kurz. Die Niederschläge in der großen Höhe sind zu gering, da die Luft bereits in tieferen Lagen auskondensiert. Zusätzlich fallen die Gletscher aufgrund des starken Gefälles der Hänge steil ab und stoßen so schnell unter die Firnlinie. Die Schneegrenze liegt auf der Nordseite des Langtang-Tales bei ca. 5.400 m, auf der Südseite etwa 200 m niedriger.

Der Bhote Kosi entspringt auf der tibetischen Seite jenseits des Himalaya-Hauptkammes. Bereits vor der Auffaltung des Gebirges entwässerte er nach

Süden. Die Erosionskraft des Flusses blieb Sieger über die Hebungsbewegung des Himalaya und schuf so ein tiefes Durchbruchstal durch das höchste Gebirge der Welt, ein Phänomen, das auch anderswo in Nepal beobachtet werden kann.

Der **Gosainkund Lekh**, ein Gebirgszug der bis über 5.000 m hinausreicht, verbindet die Regionen von Helambu im Süden und Langtang im Norden. Reizvoll sind die in einem glazial geformten Hochtal über 4.000 m hoch gelegenen heiligen Seen von Gosainkund, die besonders im Sommer wichtige Pilgerziele darstellen. Diesen Seen entspringt der Trisuli, benannt nach Shivas Dreizack "trishul", der in den Bhote Kosi mündet und diesem seinen Namen verleiht.

Langtang, Gosainkund und das obere Helambu sind Teil des 1976 gegründeten **Langtang Nationalparks**, der 1.700 $km^2$ umfasst. Zum Territorium des Parks gehören die erweiterten Einzugsgebiete zweier Flusssysteme, die beide bereits Erwähnung fanden: des Sun Kosi im Osten und des Bhote Kosi/Trisuli im Westen. Da das Tal des Bhote Kosi/Trisuli den Himalaya-Hauptkamm überwindet, bietet es so Zugvögeln eine geeignete Route bei ihren jahreszeitlichen Wanderbewegungen.

Das gesamte Gebirgsmassiv besteht hauptsächlich aus Gneis- und Granitgesteinen.

# Geschichte

Gesicherte historische Quellen rücken Nepal erst im 2. Jh. n.Chr. ins Licht der Geschichte, obwohl Mythen und mündliche Überlieferungen eine viel weiter zurückreichende Vergangenheit formulieren.

Eine erste Blütezeit erfuhr das Land unter den Herrschern der **Licchavi-Dynastie** (300 bis 880), einer Periode in der Geschichte Nepals, die noch heute als "Goldenes Zeitalter" bezeichnet wird.

Von der darauf folgenden **Thakuri-Epoche** ist nur wenig Erhellendes bekannt. Bedeutsam für die frühe Erschließung der Gebiete des Hohen Himalaya war jedoch der Ausbau der Handelswege nach Tibet und China, der in diese Zeit fiel. Auch Jahrhunderte nach dieser Zeit gehörte das Trisuli/Bhote Kosi-Tal in Langtang zu den wichtigsten Salzhandelsrouten Nepals.

Yakbutter wurde in die tibetische Region Kyirong gebracht, dort gegen Salz aufgewogen, welches dann schließlich beispielsweise in Helambu gegen Reis getauscht werden konnte.

Insbesondere die Profite aus dem Transhimalaya-Handel waren es auch, die der von 1200 bis 1768 herrschenden Dynastie der **Malla-Könige** eine ausschweifende höfische Prachtentfaltung ermöglichten. Tempel- und Palastarchitektur erreichten im in mehrere Königtümer zersplitterten Kathmandu-Tal einen absoluten Höhepunkt.

Zwischen 1530 und 1600 wanderte 150 km nordöstlich Kathmandus ein Volk ins Everest-Gebiet ein, das wie kein anderes die Entwicklung des Trekkingtourismus im Himalaya geprägt hat: die **Sherpa**. Die "sher pa" ("Leute aus dem Osten") kamen aus Kham, der Ostregion Tibets über den Nangpa La-Pass ins Solu Khumbu-Gebiet. Eine zweite Einwanderungswelle fand zwischen 1750 und 1850 statt.

Die Herkunft der sich selbst als Sherpa bezeichnenden Bevölkerungsgruppe im Trekkinggebiet (insbesondere Helambu) ist weitgehend unsicher. Jedenfalls scheinen sie in der Mehrzahl nicht über das Solu Khumbu-Gebiet dorthin gelangt zu sein.

Mit dem Sieg von Prithvi Narayan Shah 1768 über die Malla-Könige wurde der Grundstein für die **Shah-Dynastie** gelegt, deren Nachfolger noch heute das Königshaus Nepals stellen. Die expansive Eroberungspolitik im 18. und frühen 19. Jahrhundert scheiterte schließlich mit Niederlagen gegen China und die britische East India Company, so dass 1816 die bis heute gültigen Territorialgrenzen Nepals festgelegt wurden.

Für etwas mehr als 100 Jahre konnte sich nach einem politischen Umsturz (dem so genannten **Kot-Massaker** von 1846) eine Ministerpräsidenten-Dynastie etablieren, die die rechtmäßigen Shah-Könige in ein politisches Schattendasein zwangen und Nepal dem politischen und wirtschaftlichen Verfall entgegenführten.

Mit Unterstützung der neu gegründeten nepalesischen Kongresspartei und Indiens errang 1951 König Tribhuvan seine Machtbefugnisse zurück und leitete ein Öffnung und **Demokratisierung des Landes** ein.

Nach dem Friedensschluss mit der East India Company 1816 war der britische Gesandte lange Zeit der einzige Europäer, dem der Aufenthalt in Nepal gestattet blieb. Seit der Residentschaft Brian Hodgsons (1833-1843) durfte auch der britische Repräsentant das Tal der Hauptstadt nicht mehr verlassen.

1949 gelang es **Harold W. Tilman** als erstem westlichen Ausländer, eine Trekkingerlaubnis für Helambu, Gosainkund und Langtang zu erhalten und Eindrücke und Material in der Region zu sammeln. Ein Pass im oberen Langtang-Tal trägt seinen Namen.

Mit der Expedition Maurice Herzogs zur Annapurna gelang kurz darauf die erste Besteigung eines Achttausenders.

Der chinesische Einmarsch in Tibet 1950/51 und die Niederschlagung eines tibetischen Aufstandes gegen die Okkupation 1959 zwang Zehntausende Tibeter ins Exil nach Indien oder Nepal, wo sie sich vorwiegend in den Tälern von Kathmandu und Pokhara niederließen. Aber auch in den Hochgebirgsregionen, wie z.B. Langtang, siedeln heute viele Exiltibeter.

Das zaghaft sprießende Pflänzchen der Demokratie wurde 1960 von Thronfolger Mahendra wieder drastisch beschnitten. Erst dessen Sohn Birendra sah sich 1990 genötigt, den Forderungen einer landesweiten **Demokratiebewegung** nachzugeben. Er führte die konstitutionelle Monarchie ein und hob das noch von seinem Vater erlassene Parteienverbot auf.

Die nepalesische parlamentarische Demokratie hat dem Land bisher nur kurze Phasen politischer Ruhe und Stabilität geschenkt. Regierungswechsel und ebenso schnell geschmiedete wie zerfallende Koalitionsbündnisse sind an der Tagesordnung.

Seit 1996 hat sich die politische Situation des Landes erheblich verkompliziert. Damals erklärte eine **maoistische Splittergruppe** den "Volkskrieg" gegen die etablierte Parteiendemokratie und das Königshaus. Ihrer Forderung nach einer neuen Verfassung verleiht sie seit Jahren mit Angriffen auf Polizei- und Armeeposten, Entführungen von Staatsbediensteten und dem gesamten Land verordneten Generalstreiks ("Bandhs") Nachdruck (☞ Reise-Infos von A bis Z, Kriminalität und Sicherheit).

Die einst unterschätzte Bewegung ist mittlerweile zu einer ernsthaften Gefahr für das bestehende politische System geworden. Die Auseinandersetzungen haben seither bis zu 12.000 Menschenleben gefordert.

Ein Schock für das ganze Land war das so genannte **"Palastmassaker"** am 1. Juni 2001, bei dem ein Sohn des Königs zunächst seine Eltern und weitere Verwandte und danach sich selbst erschoss. Daraufhin wurde der Bruder des ermordeten Herrschers, Gyanendra, als neuer König Nepals inthronisiert.

Aufgrund innenpolitischer Spannungen löste König Gyanendra im Mai 2002 das Parlament auf. Seitdem lag die politische Führung des Landes in den Händen wechselnder Premierminister und ihrer Kabinette. Am 2. Juni 2004 berief der König mit Sher B. Deuba zwar einen Altmeister nepalesischer Politik zum Ministerpräsidenten, allerdings auch genau denjenigen, den er im Oktober 2002 wegen "Unfähigkeit" entlassen hatte.

Wichtigste Aufgaben waren nun die Organisation von Neuwahlen und die Lösung des Maoistenproblems. Da die Regierung Deuba daran scheiterte, übernahm der König am 1. Februar 2005 die Macht und verhängte den Ausnahmezustand, der später aber wieder aufgehoben wurde. Die Rückkehr zur parlamentarischen Demokratie steht nun ganz oben auf der Agenda der politischen Parteien.

# Ethnien im Trekkinggebiet und in Kathmandu

Schon wenn Sie kurz nach der Ankunft in die quirligen Basare Kathmandus eintauchen, werden Sie, ohne die Menschen ethnischen Gruppen zuordnen zu können, eine erste Vorstellung von der bunten **Bevölkerungsvielfalt** des Landes erhalten.

In Nepal leben ca. **24 Mio Einwohner**, die rund **75 Gruppen** indoarischen und tibeto-burmesischen Ursprungs angehören. Davon sind etwa 1,3 Mio im Ballungsraum des Kathmandu-Tals zu Hause. Neben der Nationalsprache Nepali existieren noch ungefähr 50 Minderheitensprachen.

So unterschiedlich wie die klimatischen Rahmenbedingungen sind auch Kultur und Lebensweise der Nepalesen. Während die **indoarischen Gruppen** insbesondere in der südlichen Landeshälfte zu Hause sind (z.B. die Tharu), trifft man im Norden auf Angehörige **tibeto-burmesischer Völker**, zu denen auch die Sherpa zu rechnen sind.

Ein Schmelztiegel der Kulturen ist das mittlere Bergland und insbesondere das dicht besiedelte Kathmandu. Hier sind Vertreter aller Volksgruppen anzutreffen, wie beispielsweise der Rai und Limbu aus den östlichen Regionen, der Gurung und Magar aus West- und Zentralnepal, der Tibeter, die erst in jüngerer Vergangenheit ihre Heimat verlassen mussten, und der Gruppen aus dem Süden des Landes, zu denen die Chhetri gehören.

Bei all dieser verwirrenden Vielfalt existiert im Kathmandu-Tal zumindest eine ethnische und kulturelle Konstante: seit vielen Jahrhunderten leben und wirken hier die **Newar**, die eine einmalige urbane Kultur zu schaffen vermochten. Während der Malla-Dynastie (1200 bis 1768) erlebten die Newar-Städte im Tal eine architektonische Blütezeit, deren Baudenkmäler noch heute die Altstadtgassen und Palastplätze in Bhaktapur, Patan und Kathmandu prägen.

Im Trekkinggebiet Helambu, Gosainkund und Langtang werden Sie hauptsächlich auf Angehörige der **Yolmo/Sherpa** und der **Tamang** treffen, obwohl auch noch andere Ethnien, wie die Chhetri im Trisuli-Tal, hier zu Hause sind. Insbesondere **Tibeter** sind im 20. Jahrhundert in die Region eingewandert und besiedeln heute weite Gebiete des Langtang-Tals.

Aufgrund ihrer Leistungen, die den frühen Expeditionsalpinismus im Himalaya erst möglich gemacht haben, sind die Sherpa sicher die bekannteste ethnische Gruppe Nepals.

Die ersten Sherpa wanderten zwischen 1530 und 1600 über den Nangpa La-Pass aus der Region Kham im Osten Tibets ins Everest-Gebiet ein, wo sich noch heute ihr Hauptsiedlungsgebiet befindet (☞ Land und Leute, Geschichte).

Auch ein großer Teil der Bewohner Helambus bezeichnet sich selbst als **Sherpa**, obwohl sie höchstwahrscheinlich nicht über das Everest-Gebiet hier eingewandert sind. Sie kamen vermutlich aus der gleich jenseits der nahen Grenze liegenden südtibetischen Region Kyirong hierher und entwickelten eine zum Teil **eigenständige Kultur**. Für diese Version sprechen auch die uralten Beziehungen zwischen Kyirong und Nepal: So gab es dort schon früh eine nepalesische Händlerkolonie und enge religiöse Verbindungen. Trotzdem existieren viele Parallelen zur Lebensweise der Sherpa im Solu Khumbu-Gebiet.

Nepalesische Ethnologen bezeichnen die "Sherpa" in Helambu als **Yolmo**. Viele Bewohner der Region verstehen sich aber selbst ausdrücklich als Sherpa und nennen sich so. Aus diesem Grund wird in dem vorliegenden Wanderführer das **Ethnonym "Sherpa" anstelle von "Yolmo"** gebraucht.

Die Sherpa im Everest-Gebiet wie in Helambu sind im Laufe mehrerer Einwanderungswellen nach Nepal gekommen und gliedern ihr Volk dementsprechend in verschiedene Clans. "Nachzügler", die erst nach 1850 nach Nepal übersiedelten, werden oft als Khampa bezeichnet. Dieser Begriff bezeichnet allerdings auch die Tibeter aus der gleichnamigen Region, die erst vor der chinesischen Besatzung nach Nepal flohen.

Nicht nur die Sherpa-Sprache ist eng mit dem Tibetischen verwandt, auch Kultur und Religion ähneln stark den Gebräuchen in ihrem Herkunftsland. Nach wie vor halten sie auf den Weiden in großer Höhe Yakherden. So besitzt ein durchschnittlicher Haushalt etwa 10 bis 12 Yaks.

Der Anbau von Kartoffeln, Gerste und Buchweizen ist im Langtang-Tal bis in Lagen von 3.500 m möglich, so dass auch in großen Höhen permanente Siedlungen angelegt wurden.

Längst hat allerdings der **Tourismus** zumindest in den bekannten Trekkinggebieten die Landwirtschaft als wichtigsten Wirtschaftsfaktor überflügelt. Viele Sherpa führen Trekkingagenturen und Lodges oder arbeiten als Bergführer, seltener als Träger.

Unverkennbar sind ihre aus behauenen Feldsteinen errichteten Häuser. Während sich im Erdgeschoss die Stallungen befinden, liegt der große Aufenthaltsraum der Familie im ersten Stock. Einen besonderen Status nimmt die Küche mit dem den Sherpa heiligen Herdfeuer ein.

Neben den Sherpa lebt mit den **Tamang** eine zweite bedeutende Volksgruppe im Trekkinggebiet. Mit mehreren hunderttausend Angehörigen gehört sie zu den großen Ethnien in Nepal. Sie sind insbesondere in den Dörfern des Kathmandu-Tals zu Hause und haben die höheren Gebirgsregionen erst später besiedelt.

Einen Hinweis auf ihr früheres Betätigungsfeld gibt der Name Tamang, dessen Übersetzung "Pferdehändler" lautet. Heute fallen sie durch die gewaltigen Lasten auf, die sie in geflochtenen, am Stirnband befestigten Körben tragen. Sie bieten ihre Arbeitskraft in der Hauptstadt an, versorgen die entlegenen Bergregionen mit dem notwendigen Nachschub und arbeiten natürlich auch als Träger im Trekkingbereich.

Die Tamang siedeln in weiten Teilen der Region, ganz besonders jedoch im oberen Trisuli-Tal. Hier widmen sie sich der Landwirtschaft und dem Handwerk.

So stammen die groben schwarz-weißen Wolldecken, die in den Souvenirläden Kathmandus erhältlich sind, meist aus ihren Händen. Die Frauen sind häufig an ihrem Goldschmuck in den Nasen zu erkennen.

Die genaue Herkunft der Tamang liegt im Dunkeln, wie die Sherpa sprechen auch sie eine tibeto-burmesische Sprache. Auch hinsichtlich von Kleidung und Hausbau treten Parallelen auf.

Sowohl die Sherpa als auch die Tamang in Helambu, Gosainkund und Langtang sind Anhänger der tibetischen Form des **Buddhismus**, die auch Lamaismus genannt wird. Diese Variante des Buddhismus wird stark durch Elemente der alten vorbuddhistischen Bön-Religion Tibets sowie durch schamanistische Praktiken geprägt.

Es werden vier bedeutende lamaistische Glaubensschulen unterschieden: die Nyingmapa, die Kagyüpa, die Sakyapa und die Gelugpa. Die letztgenannte hat im Westen wohl den größten Bekanntheitsgrad erreicht, da ihr der Dalai Lama vorsteht. Obwohl sein Porträt in vielen Häusern und Klöstern Langtangs verehrt wird, hängen die Sherpa meist der viel älteren Nyingmapa-Schule an.

Sichtbarstes Zeichen der starken Religosität der Bergbewohner sind die vielen **Gompas** (Klöster), Stupas (tibet.: Chörten) und Manimauern. **Stupas** sind kuppelförmige Bauwerke auf einer terrassenartigen Basis mit spitzem oberen Abschluss. Im massiven Inneren der Heiligtümer können sich Reliquien oder religiöse Schriften verbergen. Manchmal dienen sie auch dem Andenken Verstorbener. Sie werden von andächtigen Gläubigen im Uhrzeigersinn, dem Lauf der Gestirne folgend, umrundet und auch Reisende sollten dieser Laufrichtung folgen.

**Manimauern** werden längs der Wege aus Steinen errichtet, in deren Oberfläche religiöse Mantras oder Motive eingearbeitet sind. Auch die vielen bunten Gebetsfahnen an Brücken und Masten, deren Gebetstexte durch das ebenfalls aufgedruckte Windpferd Lung-ta in alle Richtungen getragen werden sollen, sind religiös motiviert.

Die Altäre der Klöster sind häufig dem historischen Buddha Sakyamuni gewidmet, der die Religion vor 2500 Jahren stiftete. Oft wird der heilige Padmasambhava dargestellt, der im 8. Jahrhundert aus Indien kommend in Tibet missionierte. Unter den Buddhisten Nepals wird er als Guru Rinpoche verehrt.

Auch der in Kathmandu sehr beliebte Bodhisattva (ein Erleuchtungswesen, das aus Mitleid noch nicht ins Nirvana eingegangen ist, sondern auf die Erlösung möglichst vieler Menschen hinwirkt) Avalokiteshvara findet sich unter den Heiligenstatuen.

Lamas (religiöse Würdenträger und Klostervorsteher) sind heute in der Trekkingregion allerdings selten geworden.

# Flora und Fauna

Dank der großen Bandbreite der Klimazonen, die von tropisch im südlichen Tiefland des Terai bis alpin-arktisch in den Gipfelregionen der vergletscherten Berge reicht, ist die **Vielfalt von Fauna und Flora** in Nepal erstaunlich. Ein großer Artenreichtum ist, insbesondere aufgrund der auftretenden Höhendifferenzen, auch im Himalaya anzutreffen.

In der Region Helambu, Gosainkund und Langtang sind dichte **Bergwälder** bis weit in die Hochtäler hinauf verbreitet. In den unteren Lagen bis auf eine Höhe von etwa 2.800 m überwiegt Laubwald, der sich aus Rhododendron, Pipalbäumen, Kastanien und Eichen zusammensetzt. Gerade in Siedlungsnähe fällt die starke Beschneidung der Eichen auf. Ihre immergrünen Äste sind ein beliebtes Zufutter für das Vieh.

Oberhalb des Laubwaldes ist eine Übergangsstufe zum Nadelwald angesiedelt. Ein Charakterbaum, z.B. im unteren Gosainkund- und Langtang-Tal anzutreffen, ist die Hemlocktanne. Trotz ihrer kleinen Nadeln und Zapfen ist sie von gewaltigem Wuchs.

Im eigentlichen Nadelwald über 3.000 m werden Sie auf Weißtannen, Kiefern, Lärchen, Wacholderarten und Rhododendron treffen. Bergbambus bildet im Unterholz dieses Waldes ein dichtes Gestrüpp. In den Dörfern der Region flechten kunstfertige Hände Matten und die wichtigen Tragekörbe daraus.

Über der **Baumgrenze**, die bei mehr oder weniger 3.700 m verläuft, sind Birken, kleinere Rhododendren und Wacholdergebüsche charakteristisch. Besonders in großer Höhe fällt eine starke Reliefabhängigkeit der Waldgrenze auf. Während windexponierte Lagen keinen Baumbestand mehr aufweisen, erreicht er in windgeschützten Bereichen größere Höhen.

Weiter oben folgen nur noch alpine Matten und Wiesen, bis die Vegetation in Richtung Schneegrenze spärlicher wird und vorwiegend aus verschiedenen Flechtenarten besteht.

Insbesondere in den Monaten vor und während des Sommermonsuns verwandeln sich manche Wanderabschnitte in ein Blütenmeer. Besonders eindrucksvoll ist die Rhododendronblüte zwischen März und Mai, die die im gesamten Bergwald anzutreffenden Bäume in ein farbiges Gewand kleiden.

An **regenexponierten Hängen** verwandeln Moose und Flechten den Baumbestand in einen Märchenwald, der im Frühjahr durch Orchideen zusätzlich an Reiz gewinnt. Im Sommer machen blühende Primeln, Scheinmohn, Himalaya-Aster, Aronsstab, Fingerkraut und viele mehr einen Spaziergang oberhalb der Baumgrenze zu einem ganz besonderen Genuss.

Auch die Wahrscheinlichkeit, beim Wandern auf **größere Tiere** zu treffen, ist recht hoch. Im Langtang-Nationalpark leben zwar der Himalaya-Schwarzbär, der Kleine Rote Panda und der einer Gemse vergleichbare Goral - aber aufgrund ihres scheuen Verhaltens werden Sie ihnen wohl nicht begegnen.

Viel größer ist die Chance, die roten Hintern einer Horde Rhesusaffen ins Blickfeld zu bekommen. Sie können dem Trekker näher kommen als ihm lieb ist, zumal wenn sie es auf Nahrungsmittel in dessen Hand oder im offenen Rucksack abgesehen haben. Viel entspannter ist die Beobachtung des Languren möglich, der sich durch sein schwarzes Gesicht zu erkennen gibt. Immerhin hat er mit dem gleichfalls langurengesichtigen Hanuman einen bedeutenden Hindugott als Verwandten.

Häufiger anzutreffende Säugetierarten sind Wildschweine, das bergziegenartige, extrem "geländegängige" Himalaya-Thar und der Muntjak, ein Kleinhirsch. Letzterem ähnelt entfernt das Moschustier, nur dass es das Geweih durch gefährlich aussehende Eckzahnhauer ersetzt hat. Wegen des von seiner Moschusdrüse produzierten Sekrets wird es oft gewildert.

Das wichtigste Nutztier im Hohen Himalaya ist ohne Frage das **Yak** (weibliche Tiere heißen auf Sherpa "Nak"). Diese Rinderart ist, z.B. durch unglaubliche 77 Atemzüge in der Minute, so perfekt an die große Höhe angepasst, dass sie in Lagen unter 3.000 m schon keine optimalen Lebensbedingungen mehr vorfindet.

Yaks dienen nach wie vor als Transportmittel in den unwegsamen Gebirgsregionen in der Nähe der chinesischen Grenze. Waren es früher die großen Handelskarawanen von und nach Tibet, die das Tier unverzichtbar machten, so wird es heute zunehmend im Tourismusbereich als Tragetier für Trekkinggruppen und Expeditionen eingesetzt.

Probieren sollten Sie unbedingt den Yakkäse, der nach schweizerischem Rezept z.B. in der Käserei in Kyanjin im oberen Langtang-Tal hergestellt wird. Er ist umwerfend lecker: Kein Wunder, hat doch Nakmilch einen doppelt so hohen Fettanteil wie Kuhmilch.

Kreuzungen zwischen Rindern und Yaks sind etwas kleiner und leben auch in niedrigeren Regionen. Sie werden von den Sherpa **Dzo-mo** bzw. Dzopkio (männl.) und Dzum (weibl.) genannt.

Als eine bedeutende Route für **Zugvögel** beherbergt das Trisuli/Bhote Kosi-Tal im Frühjahr und Herbst auch eine ganze Reihe temporärer gefiederter Gäste. Ganzjährig und häufig trifft man auf meist recht neugierige Dohlen und Krähen. Majestätisch ziehen Steinadler und Lämmergeier ihre Kreise. Fasane, Hühner, Tauben und viele Singvögel komplettieren das Orchester.

Gibt es ihn nun oder nicht? Kein Himalaya-Mythos ist so zählebig und hat die Phantasie so vieler Bergbegeisterter angeregt wie der vom **Yeti**, dem Schneemenschen in den Hochlagen Zentralasiens. Millionenschwere Expeditionen wurden ausgesandt, um das Rätsel zu lösen. Veritable Bergsteiger, von Eric Shipton über Sir Edmund Hillary bis Reinhold Messner, vermuteten den Yeti selbst oder seine Fußspuren gesehen zu haben.

Den stärksten Eindruck hinterlassen nach wie vor die Berichte der Sherpa über Übergriffe des Yeti auf Yaks und Menschen in abgelegenen Regionen. Die meisten von ihnen glauben fest an die Existenz des Schneemenschen: *"... these herdsmen confirmed the existence, or rather the recent presence, of the Abominable Snowman in the Langtang, pointing out to us a cave which had been his favorite haunt. Six years previously these beasts ... had been constant visitors but had apparently migrated elsewhere."*

H. W. Tilman, Nepal Himalaya, Cambridge 1952

Wer sollte es besser wissen als sie ...?

Kirtipur im Kathmandu-Tal

# Anreise

Die bei weitem am häufigsten genutzte Anreisemöglichkeit nach Nepal ist der Flug von Europa nach Kathmandu, je nach Fluggesellschaft mit oder ohne Zwischenstopp. Die vorgestellten Flugverbindungen stellen nur eine Auswahl dar. Die angegebenen Preise sind ebenfalls nur eine Momentaufnahme als Orientierungshilfe. Es ist zu empfehlen, insbesondere die preiswerten Flüge rechtzeitig zu buchen, da diese oft schon früh im Jahr ausgebucht sind.

## Flug

Die Qatar Airways fliegt von Frankfurt nach Doha mit Anschlussflug nach Kathmandu. Die Tickets sind ab € 835 (inkl. Flughafensteuer) zu haben.

- Qatar Airways, Baseler Straße 48, 60329 Frankfurt am Main, ☏ +180/5728271, 💻 www.qatarairways.com

  **in Nepal:** Qatar Airways, P.O. Box 4163, Kantipath, Kathmandu ☏ +977/1/4268057 und 4268043

Die Kuwait Airways fliegt Kathmandu mit zweimaligem Umsteigen in Kuwait Stadt und Delhi an. Der Preis liegt etwa bei € 900 (inkl. Flughafensteuer).

- Kuwait Airways, Taunusstraße 52-60, 60329 Frankfurt am Main, ☏ +49/69/2429290, 💻 www.kuwaitairways.de, **in Nepal:** P.O. Box 3263, Kantipath, Kathmandu, ☏ +977/1/4249884, FAX +977/1/4249392

Österreichs Fluglinie bietet Direktflüge von Wien nach Kathmandu für etwa € 1.100 (inkl. Flughafensteuer).

- Austrian Airlines, Baseler Str. 46, 60329 Frankfurt am Main, ☏ +49/180/3000520, 💻 www.austrianairlines.de

  **in Nepal:** P.O. Box 536, Kamaladi, Kathmandu, ☏ +977/1/4223317 und 4223331, FAX +977/1/4241506

Die Lufthansa fliegt für ca. € 1.000 (inkl. Flughafensteuer) nach Kathmandu.

- Lufthansa, Wilhelmshöher Allee 254, 34119 Kassel, ☏ +49/180/3803803, 💻 www.lufthansa.com

  **in Nepal:** Durbar Marg, Kathmandu, ☏ +977/1/4223052 und 4224341, FAX +977/1/4221900

☺ Die Anreise zum Trekkingstart ist in den entsprechenden Kapiteln im Routenteil ausführlich dargestellt.

# Ausrüstung

Der Charakter des Hüttentrekkings macht Ihren Rucksack um mindestens 50% leichter. Zelt und Nahrungsmittelvorräte können zu Hause bleiben. Dies ist die gute Nachricht, die schlechte: Auch so wird Ihr Rucksack erst einmal ganz schön drücken.

Es kommt darauf an, nicht zu viel, aber auch nicht zu wenig mitzunehmen. Geachtet werden muss insbesondere auf Zweckmäßigkeit, Gewicht und Robustheit des Equipments.

✋ Wer eine Überquerung des schwierigen Ganja La-Passes plant, muss seine Ausrüstung komplett anders konzipieren (☞ Über den Ganja La)!

## Rucksack

Ihr Rucksack sollte ein Fassungsvermögen von 50 bis 60 l haben und muss so konstruiert sein, dass das Gewicht bei richtiger Anpassung zum größten Teil auf der Hüfte ruht, damit Schultern und Wirbelsäule entlastet werden.

Auf die richtige individuelle Einstellung sollte also schon beim Kauf geachtet werden. Wird eine Neuanpassung während der Tour nötig, sollten Sie diese nicht scheuen, anderenfalls würde jeder Kilometer zur Tortur. Wegen des optimalen Schwerpunktes müssen Sie beim Packen die schweren Gepäckstücke nach oben an den Rücken legen.

☺ Verwenden Sie verschiedenfarbige Tüten, so finden Sie sich besser in den Tiefen des Rucksacks zurecht. Denken Sie an eine separate Regenschutzhülle.

## Wanderschuhe

Nichts ist während einer Trekkingtour unangenehmer, als sich den ganzen Tag mit Blasen an den Füßen bergauf und bergab zu quälen. Schuhe müssen unbedingt ausgiebig eingelaufen sein. Lieber eine halbe Nummer größer kaufen, da die Füße beim Laufen noch anschwellen.

Dass die Sohle ein ausreichendes Profil aufweisen muss, versteht sich von selbst. Die Pfade können sehr rutschig oder überfroren sein, deshalb ist ein auch an den Rändern scharfkantiges Profil unerlässlich.

Zu den Schuhen gehören Socken oder Strümpfe, die ebenfalls gut eingelaufen sind und keine Scheuerstellen verursachen. Übrigens ist auch ein Ersatzschnürsenkel nicht die schlechteste Idee.

## Schlafsack

Die Mitnahme eines solchen ist notwendig, da Bettzeug selten einladend aussieht und nur gelegentlich vorhanden ist.

Eine bibbernd durchwachte Nacht dauert ewig und der darauf folgende Tag verliert an Genusswert. Für diese Tour ist deshalb ein Schlafsack mit einem Komfortbereich bis -5° empfehlenswert. Den vom Hersteller angegebenen Extrembereichwert sollte man lieber nicht austesten. Allerdings halten die Lodges oft zusätzliche Decken auf Nachfrage bereit.

Daunenschlafsäcke weisen ein sehr günstiges Verhältnis von Packvolumen, Isolation und Gewicht auf. Sie nehmen dafür allerdings sehr leicht Feuchtigkeit auf und verlieren in der Folge an Isolationsfähigkeit. Kunstfaserschlafsäcke hingegen sind schwerer, wärmen dafür aber auch im feuchten Zustand noch.

## Kleidung

Insbesondere wenn die Tour hoch hinaus gehen soll, muss mit tiefen Temperaturen und gelegentlichen Witterungsunbilden gerechnet werden.

Warm, leicht, schnell trocknend, wind- und wasserabweisend sollte die Kleidung sein. Mehrere übereinander getragene Kleidungsschichten ermöglichen ein flexibles Reagieren auf Wetterveränderungen oder körperliche Anstrengung.

Dabei besteht die erste Schicht aus (leider recht teurer) den Schweiß von der Hautoberfläche abtransportierender Funktionsunterwäsche. Die zweite Schicht dient der Wärmeerhaltung und dem Weitertransport der Körperfeuchtigkeit zur äußeren Bekleidung. Vor allem Fleece-Materialien erfüllen diese Aufgabe ideal.

Als Wind- und Regenschutz wird die Außenschicht benötigt. Diese sollte regendicht, von innen jedoch wasserdampfdurchlässig sein, um ein "Schwimmen im eigenen Saft" zu vermeiden.

Da die Bekleidung recht viel Platz im Rucksack beanspruchen kann, sollten Sie sich, neben einer Wechselgarnitur, auf das Nötigste beschränken. Richten Sie sich bitte trotzdem auf Witterungsunbilden, wie plötzlich auftretende Schneestürme und Hagel, ein. Nicht zuletzt deshalb sind **Handschuhe**, **Gamaschen** und **Mütze** unverzichtbar.

Wegen der starken Durchblutung der Kopfhaut geht der größte Teil der Körperwärme über den Kopf verloren. Eine Mütze bietet in kalten Nächten auch in dünnwandigen Lodges einen wirksamen Schutz gegen die Auskühlung des Körpers.

Wichtig sind in jedem Falle ein **Kopfschutz** gegen die Sonne sowie **Sonnencreme** und **Lippenschutz** mit einem höheren Lichtschutzfaktor. Auch eine **Sonnenbrille** gehört ins Gepäck.

## Sonstiges

Denken Sie bitte an die Mitnahme von **Teleskop-Wanderstöcken (!)**, da einige lange und steile Abstiege Teil dieser Tour sind. Ihre Knie werden es Ihnen danken. Eventuell kann bei verharschtem Altschnee oder Eis auf dem Laurebina La auch ein **Eispickel** dienlich sein.

Wichtig ist die Mitnahme einer **Thermosflasche**, die einen Liter fassen sollte. Außerdem gehören eine **Trillerpfeife** (um sich im Notfall bemerkbar machen zu können), ein **Taschenmesser** sowie unbedingt eine **Stirnlampe** mit den entsprechenden Batterien ins Gepäck.

In der Hoffnung, keinen Gebrauch davon machen zu müssen, gehört natürlich eine **Reiseapotheke** zur Ausrüstung. Hilfreich ist in jedem Fall eine individuelle Beratung mit Ihrem Hausarzt. Dieser kann Ihnen u.U. auch rezeptpflichtige Medikamente verschreiben.

**Zur minimalen Grundausstattung gehören:**

- Heftpflastersortiment und Leukoplast
- zwei sterile Kompressen
- ein steriles Verbandspäckchen
- eine Elastikbinde zur Stabilisation
- Blasenpflaster
- Schmerz- und Fiebermittel
- Wunddesinfektionsmittel
- Mittel gegen Durchfall

Denken Sie ebenfalls an Medikamente gegen Husten und Schnupfen, Halsschmerzen, Übelkeit und Magenkrämpfe sowie Muskel- und Gelenkschmerzen. Auch Augenentzündungen können durch starke UV-Strahlung und Wind verursacht werden.

Auf alle Fälle gehören sterile Kanülen und Einwegspritzen ins Gepäck, um im Notfall nicht auf die u.U. zweifelhaft sterilisierte Ausrüstung nepalesischer Provinzkrankenstationen zurückgreifen zu müssen. Für absolute Notfälle, wie schwere Entzündungen, sollten Sie auf Antibiotika zurückgreifen können.

Gern vergessen werden Fieberthermometer.

# Diplomatische Vertretungen

## Botschaften und Vertretungen Nepals in Deutschland

- Botschaft des Königreichs Nepal, Guerickestraße 27, 10587 Berlin, ☏ 030/34359920-22, FAX 030/34359906, Mo bis Fr 9:00 bis 13:00 und 14:00 bis 16:00 (Kanzlei), Mo bis Fr 9:30 bis 12:30 (Visaabteilung), www.nepalembassy-germany.com
- Honorargeneralkonsul des Königreichs Nepal, Schloßstr. 21, 70174 Stuttgart, ☏ 0711/1812684, FAX 0711/1812685, Di bis Do 9:00 bis 13:00, Amtsbezirk: Baden-Würtemberg, Rheinland-Pfalz, Saarland
- Honorarkonsul des Königreichs Nepal, Johanna-Melber-Weg 4, 60599 Frankfurt/M., ☏ 069/62700608, FAX 069/62700611
- Honorarkonsul des Königreichs Nepal, Hohenzollernring 26, 50672 Köln, ☏ 0221/2338381, FAX 0221/2338382, Mo bis Fr 9:30 bis 12:30 (außer Mittwoch), Amtsbezirk: Nordrhein-Westfalen
- Honorarkonsul des Königreichs Nepal, Ottostraße 9, 80333 München, ☏ 089/44109259, FAX 089/45872525, Di 10:00 bis 12:00 und Do 14:00 bis 16:00, Amtsbezirk: Bayern

## Vertretung Nepals in Österreich

- Honorargeneralkonsul des Königreichs Nepal, Schickgasse 25, A-1220 Wien, ☏ 01/28800100, FAX 01/28800111

## Vertretung Nepals in der Schweiz

- Honorargeneralkonsul des Königreichs Nepal, Bleicherweg 33, CH-8027 Zürich, ☏ 01/2014515, FAX 01/2014435

## Deutsche Botschaft in Nepal

- Botschaft der BRD, Gyaneshwar, Kathmandu
  Postanschrift: Embassy of the Federel Republik of Germany, PO Box 226, Kathmandu, Nepal, ☏ +977/1/4412786, 4416527, 4416832, 4416655 (Mobiltelefon von Deutschland: ohne 1 in der Vorwahl), FAX +977/1/4416899, Mo bis Fr 9:00 bis 12:00,
  www.deutschebotschaft-kathmandu.org.np

## Honorarkonsul von Österreich in Nepal

- Mr. Chudamani Thapa, Honorarkonsul, PO Box 146, Manakamana Marg 1, Naxal, Kathmandu, ☏ +977/1/4434891

## Honorarkonsul der Schweiz in Nepal

- Mrs. R. Panday-Schaffner, Honorargeneralkonsul, SDC Compound, Ekantakuna, Jawalakhel, Lalitpur, PO Box 4486, Kathmandu, ☏ +977/1/5549225, FAX +977/1/5549224

# Einreisebestimmungen

Für die Einreise nach Nepal benötigen Sie einen Reisepass, der mindestens noch sechs Monate gültig ist, und ein Visum. Kinderausweise für Kinder bis zum 16. Lebensjahr werden anerkannt, wenn sie ein Lichtbild aufweisen. Das Visum wird bei der Einreise nach Nepal an den Grenzübergängen oder am Flughafen Kathmandu erteilt. Dafür müssen Sie ein Passbild und den (möglichst passenden) Gebührenbetrag in US-Dollar oder Euro bereithalten. Wegen der langen Schlangen vor den Konsularschaltern und des nepaltypischen bürokratischen Aufwands, ist die Besorgung des Visums bereits vor der Reise bei den Auslandsvertretungen Nepals zu empfehlen. Das Formular für die Beantragung des Visums kann auf der Website der nepalesischen Botschaft in Deutschland heruntergeladen werden (www.nepalembassy-germany.com).

Touristenvisa für eine einmalige Einreise sind 60 Tage gültig und kosten aktuell € 24 bei einer nepalesischen Vertretung bzw. $ 30 an der Landesgrenze. Visa für eine mehrfache Einreise innerhalb von ebenfalls 60 Tagen gibt es für € 64 (nepalesische Vertretung) bzw. $ 80 (Landesgrenze). Seit August 2003 ist auch ein kostenloses Visum für drei Tage erhältlich. Wird dieses vor Ort verlängert, beträgt die Gebühr für 30 Tage $ 30. Als Tourist darf man sich nur insgesamt 120 Tage pro Kalenderjahr in Nepal aufhalten, in begründeten Fällen kann der Aufenthalt jedoch um weitere 30 Tage verlängert werden. Wird der Aufenthalt nach Ablauf des Visums fortgesetzt, droht eine Geldstrafe von mindestens zwei US-Dollar für jeden widerrechtlich in Nepal verbrachten Tag. Visaverlängerungen sind im Büro des Department of Immigration möglich. Es befindet sich im Gebäude der Stadtinformation Kathmandu gleich beim Ratna Park.

♦ Department of Immigration, Bhrikuti Mandap, Kathmandu, ☏ +977/1/4223590, 4222453, 4223681, FAX +977/1/4223127, Mo bis Fr 9:00 bis 15:00 (Sommer), 9:00 bis 14:00 (Winter)

Visabestimmungen können sich von einem Tag auf den anderen ändern, deshalb sollten Sie sich vor der Abreise noch einmal bei einer nepalesischen Vertretung über den aktuellen Stand informieren.

Das Auswärtige Amt rät dringend, Visa für Drittländer (z.B. Indien) nur über deren offizielle Vertretungen in Kathmandu zu besorgen und sie nicht durch Reisebüros oder andere Vermittler einholen zu lassen (Ausnahme: Gruppenvisa für Tibet), da schon Einträge gefälschter Visa aufgetreten sind.

In jedem Fall ist es bequemer und viel weniger nervenaufreibend, entsprechende Einreisedokumente schon in Europa zu besorgen.

## Essen und Trinken

Da während einer Trekkingtour immer, meist in kurzen Abständen, die Möglichkeit zur Einkehr in einer Lodge oder einem Teehaus (Bhatti) besteht, müssen keine Nahrungsmittel mitgetragen werden. Die Speisekarte reicht von der traditionellen nepalesischen Küche bis zu mehr oder weniger gelungenen Nachahmungen europäischer und internationaler Speisen (Rösti, Kaiserschmarrn, Spaghetti, Toast...).

Das nepalesische Gericht schlechthin ist auf die einfachen Verhältnisse der meisten Menschen zugeschnitten (deshalb nicht weniger köstlich) und heißt **Dhal Bhaat**. Zu einem Schlag Reis (Bhaat) werden gekochte Linsen (Dhal) und Gemüsecurrys (Achhaar) serviert. Für viele Träger ist dies die immer wiederkehrende Hauptmahlzeit am Tage, so dass eine Gruppe ganze Reisberge in beeindruckender Geschwindigkeit wegputzen kann.

Generell spielen Reisgerichte eine Hauptrolle auf der Speisekarte, die meist auch in Englisch vorliegt. Als **Biryani** wird angebratener Reis entweder mit Huhn oder Gemüse angeboten. Wichtige Beilage oder auch Hauptgericht sind verschieden zubereitete Brote (Nan, Roti, Puri, Chapati). Fleisch stammt meist von Hühnchen, seltener von Yaks.

Die tibetische Kultur der Sherpa kommt auch in deren Küche zum tragen. Eine sehr leckere und sättigende Suppe aus Nudeln und Fleisch ist **Thupka**. **Momos** sind gedämpfte Teigtaschen, die mit Fleisch oder Gemüse gefüllt werden. Angebraten heißen sie **Kothe**. Die ideale Vollwertnahrung der tibetischen Nomaden ist auch bei den nepalesischen Bergvölkern beliebt: **Tsampa** besteht im Wesentlichen aus gerösteten und gemahlenen Gerstenkörnern. Tsampa ist haltbar, leicht zu transportieren, schnell zubereitet, gehaltvoll und damit der perfekte Reiseproviant. Häufig wird das Gerstenmehl einfach im traditionellen Buttertee zu einem Brei verrührt, für den europäischen Gaumen eine gewöhnungsbedürftige Erfahrung. Schmackhaft wird es aber auch als Porridge angeboten.

Eine Grundregel beim Trekking lautet: Ausreichend trinken! Da es Siedlungen und Viehherden bis ins obere Langtang-Tal hinauf gibt, sollte auf **abgekochtes Wasser** oder **Tee** aus den Teehäusern am Weg zurückgegriffen werden. Nur über jeden Zweifel erhabenes Quellwasser kann nach einer Behandlung mit Wasserentkeimungstabletten als Trinkwasser genutzt werden.

Als Nationalgetränk unbedingt zu empfehlen ist **Milchtee** (Chai), zu dem Tee, Milch, Zucker und Gewürze aufgekocht werden. Noch exotischer ist der gehaltvolle und die Lippen fettende gesalzene tibetische **Buttertee**, eine kleine Mahlzeit an sich. Mutige können auch Chang (selbst gebrautes Reis- oder Hirsebier) und den hochprozentigen **Raksi** probieren. Einen Versuch wert ist auch **Tongba**, ein leicht alkoholischer Aufguss von heißem Wasser auf fermentierter Hirse, der durch einen Strohhalm geschlürft wird.

# Fotografieren

Bei allen Reisen gilt: Fotografieren Sie bitte mit Feingefühl und achten Sie die Privatsphäre der Menschen. Ein fragender Blick mit Verweis auf die Kamera erntet meist aufmunterndes Lächeln. Ablehnende Haltungen sollte man unbedingt akzeptieren. Vor allem Digitalkameras lösen wahre Begeisterungsstürme aus, da hier das Ergebnis des Schnappschusses gleich ausgiebig bewundert und kommentiert werden kann.

Insbesondere in Tempeln oder bei religiösen Zeremonien (z.B. Totenverbrennungen) ist Zurückhaltung angebracht. Häufig bieten Kinder an, sich für ein Entgelt in Positur zu werfen. Diese Variante des Bettelns sollten Sie nicht unterstützen und lieber auf die Aufnahme verzichten.

Möglichkeiten bieten sich auf jeden Fall zuhauf, das bunte exotische Nepal mit seiner grandiosen Landschaft gehört zu den dankbarsten Zielen für Hobby- und Berufsfotografen.

Die Sonneneinstrahlung wie auch die UV-Strahlung sind in der großen Höhe sehr intensiv. Deshalb sollten Sie darauf achten, einen UV- oder Skylight-Filter zu verwenden. Zudem wird durch einen zusätzlich aufgeschraubten Filter Ihr Objektiv vor Kratzern und Verschmutzung geschützt. Wer s/w-Aufnahmen machen möchte, sollte an die Mitnahme eines Rot- oder Orange-Filters denken.

Weniger lichtempfindliches Filmmaterial (bis ISO 100) bietet sich aufgrund der harten Kontraste an. Die weite Gebirgslandschaft ist nur mit einem entsprechenden Weitwinkelobjektiv aufs Zelluloid zu bannen. Das beste Licht für Aufnahmen herrscht frühmorgens und in den frühen Nachmittagsstunden.

☺ Modernste Fototechnik aus Fernost gibt es zu verhandelbaren und unschlagbaren Preisen in der New Road im Zentrum Kathmandus zu kaufen.

# Geld

Nepalesische Landeswährung ist die Rupie (Rs für Rupees), die in 100 Paisa unterteilt wird. In den Touristenzentren Kathmandus gibt es jede Menge Wechselstuben, die alle gängigen westlichen und fernöstlichen Währungen in Rupien und umgekehrt tauschen. Schon am Flughafen können Sie Geld tauschen. Für den

Rücktausch bei staatlichen Banken muss manchmal eine Tauschquittung vorgewiesen werden, deshalb sollten Sie eine solche einfordern.

Reiseschecks sind sicherer als Bargeld und erzielen in Kathmandu einen guten Kurs. Kreditkartenautomaten sind nicht verbreitet. Die Möglichkeit zum Geldtausch während der Trekkingtour ist stark begrenzt, am ehesten werden noch US-Dollar akzeptiert.

Anders als die staatlichen Banken haben viele Wechselstuben täglich etwa von 8:00 bis 20:00 geöffnet.

Mit Kreditkarten kann nach wie vor nur in teuren Hotels und Geschäften bezahlt werden, wobei etwa 5% Kommission auf den Preis aufgeschlagen werden. Am verbreitesten ist die Visa Card. Nur bei sehr wenigen Banken im Kathmandu-Tal sind (recht bürokratische) Barabhebungen mit Karte möglich (Nepal Grindlays Bank). Auch Automaten sind (noch) selten. Trotzdem wird die Mitnahme einer Kreditkarte dringend empfohlen, da sie notwendige Voraussetzung für einen Rettungsflug sein kann.

☺ Generell ist es von Vorteil, Kleingeld (Scheine zwischen Rs 5 und Rs 100) in der Tasche zu haben, da Rikschafahrer und Kleinhändler auf große Scheine oft nicht herausgeben können.

Schwarztausch ist strafbar, wird oft von dubiosen Gestalten angeboten und lohnt wirklich nicht!

Bei dringend notwendigen Geldüberweisungen aus Europa führt der schnellste Weg über die Western Union Money Transfer. Der überwiesene Betrag wird allerdings nur in Rupien ausbezahlt.

Vorgehen: Anruf bei einer Person Ihres Vertrauens in Deutschland, die einen Betrag bei einer der Western Union Money Transfer-Stellen (an vielen Bahnhöfen bzw. unter ☎ +49/69/97880731) in bar einzahlt. Die Überweisung erfolgt dann per Fax. Das Geld kann in der Regel innerhalb eines Tages an einer der Western Union Money Transfer-Stellen in Kathmandu gegen Vorlage des Reisepasses abgeholt werden.

♦ Western Union Money Transfer, Durbar Marg, ☎ +997/1/4223530

☺ Weitere Möglichkeiten zur Geldüberweisung aus Deutschland hat die Deutsche Botschaft in Nepal auf ihrer Website
💻 www.deutschebotschaft-kathmandu.org.np/de/info zusammengestellt.

# Gesundheit, Impfungen und Höhenkrankheit

Spezielle Impfungen sind für die Einreise nach Nepal nicht erforderlich. Auf alle Fälle sollten Sie sich zusammen mit Ihrem Hausarzt vergewissern, dass noch ein ausreichender Impfschutz gegen Polio, Tetanus und Diphtherie besteht. Zu empfehlen sind vor allem noch Impfungen gegen Hepatitis A, bei längeren Aufenthalten auch gegen Hepatitis B und Typhus. Für die Hepatitisvorsorge A und B gibt es einen gemeinsamen Impfstoff, der zwar recht teuer ist, aber auch erst nach zehn Jahren wieder aufgefrischt werden muss. Betrachten Sie diese Impfungen deshalb als Langzeitinvestition, besonders wenn Sie häufiger rund um den Globus unterwegs sind.

Grundsätzlich sollte in Nepal nur **abgekochtes Wasser**, **Tee** oder das oft erhältliche **Mineralwasser** getrunken werden. Mit Leitungswasser, das in Kathmandu eine geradezu legendär schlechte Qualität hat, ist auch das Zähneputzen nicht zu empfehlen. Während der Trekkingtour können Sie sich in jeder Lodge große Kannen Tee oder abgekochtes Wasser bestellen.

Trotzdem: Bei längeren Aufenthalten im Land erwischt es fast jeden einmal. Viele harmlose Durchfälle verschwinden nach zwei Tagen wieder spurlos. Wichtig ist es, viel zu trinken und dem Körper Elektrolyte zuzuführen.

☺ Einfach und schnell erhalten Sie eine Elektrolytlösung, indem Sie zu einem Liter abgekochtem (!) Wasser vier Teelöffel Zucker und einen Teelöffel Salz geben.

Das Niveau der **medizinischen Versorgung** in Nepal ist landesweit höchst unterschiedlich, besonders die ländlichen Regionen sind unterversorgt. In Kathmandu gibt es einige Kliniken mit westlichem Standard. Die Versorgung muss bezahlt werden und kann ein großes Loch in die Reisekasse reißen.

⊞ CIWEC Clinic, ☏ +997/1/4228531, 4241732

♦ Nepal International Clinic (NIC), ☏ +997/1/4434642

Bei ernsten Problemen informiert die deutsche Botschaft über Vertrauensärzte (☞ Reise Infos von A bis Z, Notfälle und Notruf).

Eine große Anzahl von Medikamenten kann in den gut sortierten **Apotheken** (pharmas) Kathmandus ohne Rezept erstanden werden.

Das größte Risiko (und oft die größte Unkenntnis der Problematik) während der Trekkingtour betrifft die **Höhenkrankheit**. Die Gefahr einer Erkrankung an AMS (Acute Mountain Sickness) darf bei der beschriebenen Tour (besonders im hoch gelegenen Gosainkund und oberen Langtang) nicht unterschätzt werden.

Verlässliche Medikamente gegen AMS sind nicht bekannt und so sollten Sie die wichtigsten Präventionsregeln beherzigen. Beim Auftreten von Beschwerden muss stets an eine mögliche AMS-Erkrankung gedacht und entsprechend reagiert werden.

Ursache für das Auftreten der Höhenkrankheit ist fehlende **Akklimatisation**. Mit zunehmender Höhe nimmt der Luftdruck und damit die Dichte der Sauerstoffmoleküle in der Luft ab. Um den Transport des Sauerstoffs in den Körper sicherzustellen, müssen zusätzliche rote Blutkörperchen produziert werden. Dazu benötigt der Körper die Akklimatisationszeit, die individuell, unabhängig von Alter, Fitness und Geschlecht, sehr unterschiedlich sein kann.

Wichtig ist infolgedessen ein **langsamer Aufstieg**, in den Ruhetage eingebaut werden. Aufgrund der trockenen Luft in hohen Lagen muss außerdem viel getrunken werden.

Während eines Aufenthaltes in großer Höhe treten nicht selten **Beschwerden** wie leichte Kopfschmerzen, Appetit- und Schlaflosigkeit oder Übelkeit auf, die auf eine beginnende Höhenerkrankung hindeuten. Diese ersten Warnzeichen sind ungefährlich, Sie dürfen aber so lange nicht höher steigen, bis die Beschwerden verschwunden sind. Bleiben sie bestehen, ist ein (meist vorübergehender) Abstieg um zumindest 500 m nötig. Wird der Aufstieg trotz der ersten Warnsignale des Körpers fortgesetzt, können sich die Probleme zusehends verschärfen und zur Bildung von gefährlichen Ödemen führen. Folgende **Symptome**, die nicht alle zur selben Zeit auftreten müssen, deuten auf ein gefährliches Lungenödem hin: hoher Puls, leichtes Fieber, Schwäche und Müdigkeit, trockener Husten, der später von einem wässrigen oder blutigen Auswurf begleitet wird, ein "Brodeln" in der Lunge beim Atmen, ein Druckgefühl auf der Brust. Bei diesen ernsten Symptomen sollte ein Rettungsflug angefordert werden. Ein Abstieg von 500 bis 1.000 m ist in jedem Fall absolut notwendig, tritt keine Besserung ein, noch tiefer. Erst wenn die Symptome vollständig verschwunden sind, ist eventuell, nach Rücksprache mit Ihrem Arzt, an einen erneuten Aufstieg zu denken.

Seltener, aber unmittelbar lebensgefährlich, ist ein Hirnödem, das auch in Kombination mit einem Lungenödem auftreten kann. Man erkennt es an extremer Müdigkeit, Apathie, Brechreiz, starken Kopfschmerzen und Gleichgewichtsstörungen beim Laufen, Schwindelgefühl und Bewusstseinsstörungen bis hin zur Bewusstlosigkeit. Auch diese Merkmale treten nicht alle gleichzeitig auf. Durch Balancieren mit ausgebreiteten Armen auf einer gezogenen Linie kann eine Prüfung auf Gleichgewichtsstörungen vorgenommen werden. Tritt bei einem Mitreisenden der Verdacht auf ein Hirnödem auf, so muss er so schnell wie möglich mindestens 1.000 m tiefer, je tiefer desto besser, gebracht werden. Eine Evakuierung durch einen Rettungsflug und eine anschließende ärztliche Untersuchung ist dringend anzuraten. Allerdings darf durch das Warten auf den Helikopter keine wertvolle Zeit verloren werden - der Abstieg in tiefere Lagen hat, auch nachts, Vorrang. Der Erkrankte sollte getragen werden, er darf niemals allein absteigen. Ein Wiederaufstieg sollte auch nach eingetretener Besserung keinesfalls gewagt werden.

Wenn Sie die oben erwähnten Ratschläge beherzigen, ist das Auftreten von AMS nicht sehr wahrscheinlich. Es ist jedoch wichtig, mit möglichen Symptomen und Komplikationen der Höhenkrankheit vertraut zu sein. Nur so können einsetzende Beschwerden richtig eingeschätzt werden.

Wenn Sie Ihrem Körper von vornherein eine ausreichend lange Akklimatisationsphase gönnen, können Sie sich nicht nur lästige Kopfschmerzen ersparen, sondern steigern auch den Erholungswert Ihres Urlaubes erheblich.

✋ Dringend anzuraten ist der Abschluss einer Auslandskrankenversicherung, die auch Bergungskosten und Rettungsflüge beinhaltet (☞ Reise-Infos von A bis Z, Notfälle und Notruf).

# Information

In Deutschland gibt es zwei Vertreter der nepalesischen Tourismusbehörde Nepal Tourism Board (NTB):

- Herr Dil Gurung Schauler, Kortestr. 8, 10967 Berlin, ☏ 030/6944382, FAX 030/7828386
- Herr B. Walter, Arnulfer Str. 300, 80639 München, ☏ 089/174876, FAX 089/171955

Informationen zu gebuchten Reisen erhalten Sie beim Reiseveranstelter:

- Auf und Davon Reisen GmbH, Berketstr. 9, 51647 Gummersbach, ☏ 02261/919628, FAX 02261/919632, www.auf-und-davon-reisen.de, reisen@auf-und-davon-reisen.de

Am einfachsten und umfassendsten erhalten Sie Informationen über Nepal und das Trekkinggebiet im Internet (☞ Reise-Infos von A bis Z, Internet).

In Nepal selbst sind **Informationsbüros** des NTB rar. Bei der Ankunft am Internationalen Flughafen werden kurz vor dem Verlassen des Gebäudes kostenlose Stadtpläne von Kathmandu ausgegeben und das Personal ist bei der (allerdings nicht notwendigen) Buchung von Hotels behilflich.

Die Hauptstadtinformation des NTB in Kathmandu liegt in der Nähe des Busbahnhofs am Ratna Park. Die Angestellten sehr hilfreich und gut informiert.

- NTB, Bhrikuti Mandap, Kathmandu, ☏ +977/1/4256909, 4256229, FAX +977/1/4256910, www.welcomenepal.com

Wichtige **Informationen zu Trekkingtouren** vermitteln folgende gemeinnützige Organisationen:

- Himalayan Rescue Association (HRA), Dhobichaur, Lazimpat, Kathmandu (gegenüber der Nordseite des neuen Königspalastes in der Nähe zweier kleiner Wachtürme auf der Palastmauer), ☏ +977/1/4440292, 4440293, www.himalayanrescue.org. Wissenswertes über die Höhenkrankheit (So bis Fr, 14:00 Informationsveranstaltung zu diesem Thema), verschiedene Trekkingrouten, Wetterinformationen…

- Kathmandu Environmental Education Project, "Nepal Plaza"-Gebäude, Tridevi Marg, Thamel, Kathmandu (gegenüber dem ACAP/National Park Fee Counter, wo der Nationalparkeintritt entrichtet werden kann), ☏ +977/1/4412944, FAX +977/1/4413018

## Internet

Eine Vielzahl von Websites hat Nepal zum Thema. Häufig handelt es sich dabei allerdings um mehr oder weniger gelungene Reiseberichte oder Fotogalerien.

Im Folgenden soll eine (bei weitem nicht vollständige) Auswahl informativer Seiten zu verschiedenen Themen vorgestellt werden.

Vergewissern Sie sich von der Aktualität der Seiten. Häufig haben deren Angaben in der sich rapide wandelnden Gesellschaft eine geringe Halbwertszeit!

www.auswaertiges-amt.de. Die aufgeführten Infos zu Einreise, Visabestimmungen und Sicherheit sind immer aktuell

www.deutschebotschaft-kathmandu.org.np. Die deutsche Botschaft in Nepal informiert ausführlich über das Land und die aktuelle Situation. Hier können Sie sich auch vor einer Trekkingtour registrieren lassen.

www.nepalembassy-germany.com. Einreisebestimmungen, Visaformular zum Downloaden, Informationen rund ums Trekking, Hoteladressen

www.deutsch-nepal.de. Website der Deutsch-Nepalischen Gesellschaft mit Reiseinfos, einer Publikationsliste und einer hilfreichen Linksammlung

www.welcomenepal.com. Die Tourismusbehörde bietet hier eine Fülle von Infos, u.a. zu Trekkingagenturen, Flügen und Hotels.

www.nepal.de. Hervorragende Seite mit aktuellen News, Airlinebüros, Botschafts- und sonstigen Adressen sowie Trekkinginformationen

💻 www.tourism.gov.np. Website des Ministeriums für Tourismus mit Adressen von Trekkingagenturen, einer umfangreichen Liste nepalesischer Berge und vielen allgemeinen Informationen

💻 www.nepalresearch.com. Eine ganz außergewöhnlich gute Seite, die über die aktuelle Situation und ausführlich über die Sherpakultur informiert und Literaturhinweise gibt. Sie enthält die Wörterbücher: Nepali-Deutsch, Sherpa-Deutsch.

💻 www.viewnepal.com. Viele Informationen zum Land und Tourismus in Nepal, mit umfassendem Adressenteil

💻 www.himalayanrescue.org. Informationen zur Höhenkrankheit und den Modalitäten einer Bergrettung

Websites, die politische News aufzeigen:

- 💻 www.nepalnews.com
- 💻 www.nepalitimes.com
- 💻 www.nepalboard.de

Websites, die über Trekkingrouten in Nepal informieren und Erfahrungsberichte von Trekkern (z.B. über Begegnungen mit den Maoisten) veröffentlichen:

- 💻 www.trekinfo.com (mit hervorragender Linksammlung)
- 💻 www.yetizone.com
- 💻 www.trekkingforum.com
- 💻 www.nepal-dia.de

# Karten

Dieses Buch ist so konzipiert, dass Sie prinzipiell ohne zusätzliches Kartenmaterial (außer bei der Überquerung des Ganja La) auskommen könnten. Trotzdem ist der Kauf einer Überblickskarte der Trekkingregion keine schlechte Idee. Geeignet sind die preiswerten Ausgaben, die in Kathmandu überall erhältlich sind. Oft sind sie allerdings etwas ungenau. Sehr gute Karten des Trekkinggebietes sind in Deutschland zu bekommen, aber für die Durchführung des Lodgetrekkings nicht nötig.

♦ Nepal-Kartenwerk der Arbeitsgemeinschaft für vergleichende Hochgebirgsforschung ("Schneider-Karten") Nr. 8, Helambu - Langtang, Nelles Verlag, 1:100.000 (Viele Ortsnamen werden allerdings in ungewohnter alter Transkription wiedergegeben und viele neue Fahrpisten sind noch nicht erfasst.)
♦ Expeditionskarten der Alpenvereinskartographie, 0/10 Langthang Himal West 0/11 Langthang Himal Ost, 1:50.000 (leider bleibt hier das südliche Helambu außen vor)

🕮 Sowohl die "Schneider-Karte" als auch die Alpenvereinskarten sind in Kathmandu, z.B. im Pilgrims Bookshop (nahe dem Kathmandu Guesthouse), erhältlich.

## Klima und Reisezeit

Entsprechend des jahreszeitlichen Wechsels ändern sich die Trekkingbedingungen im Wandergebiet. Die **günstigste Zeitspanne** für eine Trekkingtour in Helambu, Gosainkund und Langtang fällt in die Monate Oktober bis Mitte Dezember. Meist ist es dann trocken, klar und noch nicht zu kalt. Allerdings sind auch die meisten Trekker unterwegs.

In der darauf folgenden Periode bis Ende Februar wird es deutlich kälter und damit sinkt die Schneefallgrenze. Die hoch gelegenen Bereiche von Gosainkund und Langtang können deshalb schwer oder gar nicht zu passieren sein. Selbst das obere Helambu um Tharepati wird manchmal vorübergehend von Neuschnee blockiert. Die meisten Strecken in Helambu sind aber den ganzen Winter über schneefrei.

Eine **Überquerung des Laurebina La-Passes** ist in dieser Zeit nur mit der entsprechenden Ausrüstung und Erfahrung möglich und sollte für den Normaltrekker nicht in Frage kommen. **Zwischen Mitte Dezember und Ende Februar (oder sogar länger) sind die Lodges beiderseits des Passes (meist) geschlossen!!!**

Zwischen März und Mai wird es allmählich wärmer und nach und nach sind auch die hohen Pässe wieder sicher passierbar. Allerdings ist das Wetter in dieser Zeit etwas unbeständiger und die Fernsicht oft schlechter als im Herbst. Meist ziehen am frühen Nachmittag dicke Wolken auf, aus denen es regnen oder schneien kann. Immerhin fallen im Langtang-Tal ein Viertel des Jahresniederschlages in den Winter- und Frühjahrsmonaten.

Von Juni bis September hält der **Monsun** Nepal fest im Griff, es regnet häufig und die Berge verstecken sich in dichten Wolken. Zwar hat auch diese Jahreszeit im Gebirge ihren Reiz, vor allem wenn die Bewölkung einmal aufreißt, doch sind während des Monsuns mit Abstand die wenigsten Touristen im Nationalpark unterwegs.

## Kriminalität und Sicherheit

Die Kriminalitätsrate in Nepal ist nach wie vor **gering**, auch wenn in den letzten Jahren eine kontinuierliche Zunahme von Diebstählen zu registrieren war. Überängstlichkeit ist auf keinen Fall angebracht.

Wiederholt ist es auf der **Busstrecke** von Kathmandu nach Syabru Bensi zu Diebstählen von Ausrüstungsgegenständen gekommen, insbesondere wenn das Gepäck auf dem Busdach transportiert wurde. Nehmen Sie Ihren Rucksack also am besten mit in den Bus, auch wenn ein geringer Aufpreis bezahlt werden muss.

Gewaltverbrechen sind in Nepal extrem selten. **Drogenbesitz** und vor allem -schmuggel werden hart bestraft, man sollte also in jedem Fall die Finger davon lassen. Die allgemeine **Sicherheitslage** im Land wird seit einigen Jahren zunehmend durch den Aufstand **maoistischer Rebellen** beeinflusst. Weite Regionen, besonders im Mittleren Westen (aber bei weitem nicht nur dort), sind schon fest in Rebellenhand. Dort wurde bereits mit dem Aufbau von parastaatlichen Parallelstrukturen begonnen.

Seit einiger Zeit werden auch vereinzelt Anschläge im Kathmandu-Tal verübt. Diese Aktionen richteten sich bisher stets gegen Einrichtungen des Staates, der Armee oder des Polizeiapparates, sowie gegen Besitzstände der nepalesischen Königsfamilie.

Die Maoisten (auf Nepali "Maobaadi") sind stets ihrer Strategie treu geblieben, keine Touristen zu Schaden kommen zu lassen. Oft sind Berichte europäischer Medien überzogen und spiegeln die Situation vor Ort nur unvollkommen wider.

Bisher ist jedenfalls noch kein Tourist infolge des maoistischen Aufstandes verletzt worden. Entsprechend haben sich die Besucherzahlen in Nepal 2004 vom extrem tiefen Niveau des Vorjahres etwas erholt.

Die **indirekten Auswirkungen** der Auseinandersetzungen zwischen dem nepalesischen Staat und den Maoisten wiegen da schon schwerer:

Die Aufständischen sperren häufig Überlandstraßen und blockieren damit ganze Landesteile für mehrere Tage. Auch Telefonleitungen werden immer wieder gekappt, ein echtes Problem, wenn schnelle Hilfe organisiert werden muss (zum Glück kommen in den Hochlagen der Trekkingregionen zunehmend Satellitentelefone zum Einsatz).

Auch Streikaufrufe der Maos werden von der Bevölkerung (eher aus berechtigter Angst vor Repressionen denn aus echter Sympathie) weitgehend befolgt. Im urbanen Bereich geht an solchen Tagen (fast) nichts mehr - ein echtes Problem für diejenigen, die beispielsweise dringend zum Flughafen müssen.

Eine wirklich gefährliche Situation kann entstehen, sollte man unvermutet in Auseinandersetzungen zwischen Maos und Sicherheitskräften hineingeraten, obwohl dieses Szenario recht unwahrscheinlich ist.

Auf vielen Trekkingrouten gibt es eine **relevante Maoistenpräsenz**. Bekannt dafür sind vor allem das Annapurna-Gebiet und die Route zwischen Jiri und Lukla südlich der Everest-Region. Gut organisiert werden hier (gegen Quittung!!) selbst in Lodges **"Revolutionssteuern"** oder "Donations" eingetrieben. Einmal bezahlt gilt die Quittung landesweit und schützt in der Regel vor einer erneuten Erhebung. Allerdings sollten Sie darauf achten, dass neben der Summe auch Ihr Name eingetragen wird. Üblich ist der Betrag von Rs 1.000 (€ 11) pro Person. In der Annapurna-Region gibt es aber Bestrebungen der Maos, den Betrag auf Rs 100 (€ 1,10) pro Aufenthaltstag im Trekkinggebiet anzuheben. Amerikaner, Engländer und Belgier (letztere als Waffenlieferanten der nepalesischen Armee) haben erheblich mehr zu zahlen. Man kann versuchen zu handeln, sollte bei nachdrücklichen Forderungen aber einfach bezahlen.

In der Region Helambu, Gosainkund und Langtang ist die Maoistenpräsenz relativ gering. Zunächst weisen nur die endlosen Kontrollen auf der Busfahrt nach Syabru Bensi auf die Situation im Land hin. Im hier beschriebenen **Trekkinggebiet** sind bisher insbesondere das obere Gosainkund- und Langtang-Tal unberührt von der Erhebung geblieben. Betroffen sind am ehesten das Flusstal des Melamchi Khola und das Gebiet um Melamchi Bazaar im unteren Helambu. Trotzdem bleibt die Erhebung von "Steuern" eher die Ausnahme.

Damit gehört die beschriebene Route, gemeinsam mit dem Everest-Trekking nördlich von Lukla, zu den sichersten Trekkingdestinationen in Nepal.

In jedem Fall sollten Sie sich auf der Website des Auswärtigen Amtes (🖳 www.auswaertiges-amt.de) über die aktuelle Sicherheitslage in Nepal informieren. Auf der Website der Deutschen Botschaft in Kathmandu (🖳 www.deutschebotschaft-kathmandu.org.np) ist auch eine Registrierung unter Angabe der Trekkingroute möglich.

# Notruf und Notfälle

Bei **Diebstählen** oder ähnlichen Problemen im Kathmandu-Tal sollten Sie sich an die Touristenpolizei wenden:

- Zentrale, Bhrikuti Mandap, Kathmandu, ☏ +977/1/4247041
- Thamel, Kathmandu, ☏ +977/1/4429750
- Polizei (allgemein), ☏ 100, 110, 120, 130

⊞ In Kathmandu gibt es einige renommierte **Kliniken**, die im Notfall aufgesucht werden sollten. Der westliche Standard hat seinen Preis, der die Reisekasse deutlich aus dem Lot bringen kann. Rufen Sie in der Klinik an und stellen Sie sicher, dass Sie unverzüglich nach Ihrem Eintreffen einen Arzt sprechen können.

- Ciwec Clinic (in der nähe des Yak & Yeti Hotels am Durbar Marg), ☏ +977/1/4228531, 4241732
- Nepal International Clinic (gegenüber dem Südtor des neuen Königspalastes), ☏ +977/1/4434642

⊞ Zusätzlich gibt es im Tal einige **Vertrauensärzte** der Deutschen Botschaft:

- Dr. Shankar Prasad Suri, ☏ +977/1/5538461 (privat), 5523020 (Hargans Nursing Home, Jawalakhel, Lalitpur), 4226789 (Buddha Clinic, Jyatha, Kathmandu)
- Dr. Pratibha Pandey, ☏ +977/1/4413979 (privat), 4241732 und 4228531 (Ciwec Clinic, s.o.)

Bei Unfällen oder schwerer Höhenkrankheit während der Trekkingtour kann ein **Rettungsflug** notwendig werden. Noch sind Satellitentelefone im oberen

Langtang (Kyanjin Gompa) und Gosainkund selten, ein Zustand, der sich in den nächsten Jahren rasch ändern wird.

Muss jemand zum nächsten Telefon geschickt werden, sind die Wege aufgrund der relativ kurzen Abstiegsrouten meist nicht lang. Bereits bei der Anforderung des Fluges sind folgende Angaben zu machen: Name, Ort, Krankheit und Dringlichkeit. Außerdem sind die Modalitäten der Zahlung zu klären. Oft ist der Besitz einer Kreditkarte Voraussetzung für einen Rettungsflug. Sehr hilfreich ist eine Registrierung bei der deutschen Botschaft in Kathmandu vor dem Trekking, wobei auch die Bedingungen für eine möglicherweise notwendige Rettung abgesprochen werden. So lässt sich über die Botschaft im Notfall telefonisch ein Flug organisieren. Die Gesellschaften berechnen etwa € 2.000 pro Flugstunde.

- Karnali Air Service, Sinamangal, Kathmandu, ☏ +977/1/4473141, 4491415, FAX +977/1/4488288
- Dynasty Aviation, PO Box 10112, Toyota House, Lazimpat, Kathmandu, ☏ +977/1/4477560, 4477561, FAX +977/1/4468802
- Shree Airways, Tripureshwar, Kathmandu, ☏ +977/1/4222948, 4220172, FAX +977/1/4228324

☺ Geldüberweisungen aus Deutschland (☞ Reiseinfos von A bis Z, Geld)

- Notfallnummer der Deutschen Botschaft in Kathmandu: ☏ +977/1/4412786, 4416527, 4416655 (Außerhalb der Dienstzeit meldet sich das Sicherheitspersonal, das den Anruf weiterleitet.)
- Nachttaxi in Kathmandu ☏ +977/1/4244485, 4224374

## Öffnungszeiten

Viele Geschäfte haben an allen Wochentagen geöffnet. Außerhalb von Kathmandus Touristenviertel Thamel schließen die meisten gegen 21:00. Anders sieht es bei staatlichen Einrichtungen aus. Im Kathmandu-Tal haben sie von 9:00 bis 17:00 (im Sommer) bzw. von 9:00 bis 16:00 (im Winter) geöffnet. Außerhalb des Kathmandu-Tales öffnen viele Einrichtungen erst gegen 10:00.

Abgesehen von den zahllosen Feiertagen verbringen die Beamten in der Hauptstadt am Samstag und Sonntag ihr Wochenende, während die Kollegen außerhalb des Tales auch am Sonntag arbeiten müssen.

# Post und Telekommunikation

## Post

Das General Post Office von Kathmandu befindet sich am Kantipath nördlich des Bhimsen Towers und wurde 2004 gerade umgebaut, Mo bis Fr 9:00 bis 17:00.

Postkarten nach Europa kosten Rs 15 (€ 0,17), Briefe Rs 25 (€ 0,28). Die Post ist meist 10 Tage, manchmal länger, selten für immer unterwegs. In jedem Fall sollten frankierte Karten und Briefe nicht in Briefkästen geworfen werden. Sicherer ist es, sie am Schalter abstempeln zu lassen. In besseren Hotels kann man die Post auch an der Rezeption abgeben.

## Internet und Telefon

Die Vielzahl der Internetcafés und Telefonbüros besonders in Thamel ist beeindruckend. Die große Konkurrenz sorgt für entsprechend niedrige Preise. So schlägt eine Stunde Surfen im Internet nur mit € 0,20 bis 0,40 zu Buche. Telefonate nach Europa, insbesondere nach Deutschland, sind erstaunlich preiswert. Für die Festnetzminute müssen etwa € 0,50 bis 0,80 bezahlt werden. Mit € 0,20 bis 0,50 sind Telefonate übers Internet noch billiger. Sie werden jedoch oft erst auf Nachfrage angeboten. Die Preise der verschiedenen Büros variieren stark, so dass sich Preisvergleiche lohnen.

☺ Bei Internettelefonaten entsteht ein Echo-Effekt, da die Nachricht ein bis zwei Sekunden zeitverzögert beim Empfänger ankommt. Bis man sich darauf eingestellt hat, führt dies oft kurz zu einem "Sprachsalat". Die deutschen Mobilfunkanbieter haben bisher keine Verträge mit nepalesischen Netzbetreibern abgeschlossen, so dass deutsche Handys in Nepal nicht funktionieren. Außerdem beschränkt sich das nepalesische Netz auf die dicht besiedelten Regionen im Kathmandu-Tal und im Süden des Landes. Im Trekkinggebiet funktionieren auch nepalesische Handys nicht.

## Internationale Vorwahlen

| | |
|---|---|
| Nepal | 00977 (Kathmandu 01) |
| Deutschland | 0049 |
| Österreich | 0043 |
| Schweiz | 0041 |

Im Jahr 2004 haben sich Telefon- und Faxnummern im Kathmandu-Tal geändert. Sechsstelligen Nummern, die mit 2, 3, 4, 5 oder 6 beginnen, wurde eine siebte vorangestellt: vor 2, 3, 4 eine 4; vor 5 eine 5; vor 6 eine 6.

# Preise

Sind Sie erst einmal in Nepal, bleiben die Reisekosten erstaunlich gering. Budget-Reisende können im Kathmandu-Tal mit einem Kostenaufwand von € 5 bis 10 pro Tag für Unterkunft und Verpflegung auskommen. Im ländlichen Bereich außerhalb der Hauptstadt wird es noch preiswerter. Auch die Preise der öffentlichen Busse erreichen manchmal gerade noch einen Symbolwert. Für mehr Luxus kann und muss natürlich mehr bezahlt werden. Wie überall ist die Skala hier nach oben offen. Die großen Restaurants in Thamel sind mindestens drei- oder viermal so teuer, wie einfache Garküchen und Teehäuser in der Altstadt.

Während der Trekkingtour fallen die Preise für die Unterkunft (☞ Reise-Infos von A bis Z, Übernachtung) weniger ins Gewicht, da sich die meisten Lodges über ihre Restaurants finanzieren.

Die Verpflegung ist in den Bergen etwas teurer als in der Hauptstadt, da alles auf dem Rücken der Träger in die abgelegenen Regionen transportiert werden muss. Je schwerer (z.B. Bierflaschen) oder je mehr Brennstoff für die Zubereitung nötig ist, desto teurer ist auch ein Gericht.

Trotzdem kann man auch in den Bergen gut mit € 5 bis 10 am Tag auskommen. Reist man mit Trägern und Guide oder nimmt die Dienste einer Agentur in Anspruch erhöht dies natürlich die Kosten während der Trekkingtour (☞ Reis-Infos von A bis Z, Trekking und Nationalparkeintritt).

Handeln ist vor allem beim Erwerb von Souvenirs üblich. Hier werden bei der ersten Nachfrage meist stark bis unverschämt überhöhte Preise verlangt. Beim Kauf von Waren des täglichen Bedarfs ist die verhandelbare Spanne weit geringer.

Beim Rückflug wird eine Flughafengebühr (in Rupien) fällig.

- Flüge nach Südasien (SAARC-Länder) Rs 791 (€ 8,80)
- andere internationale Flüge Rs 1.130 (€ 12,50)
- bei allen Flügen muss eine Tourismusgebühr von Rs 565 (€ 6,30) entrichtet werden.

## Trekking und Nationalparkeintritt

Seit dem Sommer 1999 werden für die beliebten Trekkingregionen Helambu, Gosainkund und Langtang, das Annapurna- sowie das Everest-Gebiet **keine Trekkingpermits** mehr verlangt. Nach wie vor sind jedoch **Eintritte** für die jeweiligen Nationalparks zu entrichten. Im Falle des Langtang-Nationalparks sind dies Rs 1.000 (€ 11), die entweder gleich in Kathmandu oder aber an den Trekkingstartpunkten zu bezahlen sind. Das zuständige Büro in Kathmandu befindet sich am Tridevi Marg in Thamel im Sanchay Kosh Building ("ACAP/National Park Fee Counter"), Mo bis Fr 9:00 bis 16:30, So 9:00 bis 15:30, ☎ +977/1/4222406.

Beim Wanderstart in Sundarijal kommen noch einmal Rs 250 (€ 2,80) für den kleinen Shivapuri Watershed Park dazu, die vor Ort bezahlt werden müssen.

Die Trekkingrouten in Helambu, Gosainkund und Langtang können wegen der **guten Infrastruktur** problemlos allein in Angriff genommen werden. Aufgabe dieses Führers ist es, Ihnen die Orientierung zu erleichtern und wichtige Informationen zu den Gegebenheiten der Route zu liefern. Trotzdem kann es den Genusswert des Trekkings erheblich steigern, wenn Sie sich dafür entscheiden, einen Teil Ihrer Last auf die Schultern von Trägern zu verlagern (für die dieser Entschluss eine willkommene Einkommensmöglichkeit bietet). **Träger und Guides** können entweder bei Agenturen in Kathmandu gebucht oder im Trekkinggebiet selbst angeheuert werden. Die erste Variante ist natürlich etwas teurer, bietet Ihnen aber auch die Möglichkeit eines späteren Ansprechpartners für eventuelle Beschwerden.

Vor allem mit Hilfe der Lodgebesitzer in der Wanderregion können Sie Träger auch vor Ort anwerben. Das Tageshonorar sollte zwischen Rs 500 (€ 5,50) und Rs 1.000 (€ 11) liegen. Achten Sie darauf, dass Träger und Guides über angemessene Kleidung (insbesondere Schuhe) verfügen - schließlich sind Sie als

Arbeitgeber auch ein Stück weit für sie verantwortlich. Klären Sie im Voraus, ob Sie für die Verpflegung Ihrer Helfer aufzukommen haben. Von vornherein sollte auch bei den Trägern Klarheit über die von Ihnen geplanten Tagesetappen herrschen.

Während der Trekkingtour bietet Ihnen eine Vielzahl von **Lodges und Teehäusern** die Gelegenheit, Pausen einzulegen. Die gute Infrastruktur macht auch ein flexibles Reagieren auf Witterungsverhältnisse möglich.

Allgemein sollten Sie morgens nicht zu spät starten, da die Fernsicht in den Vormittagsstunden meist am klarsten ist. Aus Gründen der Akklimatisation sollten Sie gerade am Beginn der Tour nicht zu schnell zu hoch aufsteigen (☞ Reise-Infos von A bis Z, Gesundheit).

## Trekkingagenturen

Eine sehr professionelle Agentur leitet Phurba Gyaltsen Sherpa:

- Himalayan Sherpa Adventure, P.O. Box 4550, Chabahil, Kathmandu, ☏ +977/1/4480064, FAX +997/1/4480806, 💻 www.himalayanadventure.com.np, ✉ sherpadv@mos.com.np

## Trinkgeld

Die Verdienstmöglichkeiten in Nepal sind äußerst gering, deshalb freut man sich natürlich über eine Anerkennung. Gerade im touristischen Bereich wird von ausländischen Besuchern ein Trinkgeld erwartet. Der Kofferträger und das Zimmermädchen im Hotel freuen sich über Rs 10 bis 20. Auch in Restaurants ist ein kleiner Betrag angebracht. Man kann sich an einer Spanne von 5 bis 10% des Gesamtpreises orientieren. In vielen Restaurants Thamels wird eine Service Charge bereits auf die Rechnung aufgeschlagen. Oft sehen die Kellner davon wenig. Deshalb sollten Sie auch hier einen Teil des Wechselgeldes zurücklassen.

Auch wenn Sie Träger oder Guides engagieren, freuen diese sich am Schluss der Trekkingtour über einen kleinen Extrazuschuss. Dieser kann etwa 10% des Gesamtbetrages ausmachen. Entsprechend der in Nepal ungeheuer wichtigen Hierarchie erwartet ein Guide einen zwei- bis dreimal so hohen Betrag wie ein Träger, auch wenn die Arbeit der Träger oft härter ist.

# Übernachtung

Kathmandus Touristenviertel Thamel verfügt über eine ungeheure Vielfalt an Hotels in jeder Preisklasse. Ein äußerst spartanischer Platz im Schlafsaal ist bereits für € 0,70 zu haben. Viele Häuser bieten einfache Zimmer schon für € 1,70 bis 2,80 an. Nach oben ist die Preisskala zwar offen, aber selbst ein gutes Mittelklassehotel kostet nicht mehr als € 7 bis 10 pro Nacht.

Während der Trekkingtour steht Ihnen eine große Auswahl an Lodges zur Verfügung, deren Standard recht unterschiedlich sein kann. Je höher gelegen, desto einfacher sind meist auch die Unterkünfte. Oft werden die schlichten, kleinen Zimmer nur durch dünne Holzwände getrennt. Mehr als zwei Betten finden in den Räumen kaum Platz. Bei Bedarf gibt der Lodgebesitzer gegen Aufpreis auch zusätzliche Decken aus, ein Schlafsack muss in jedem Fall mitgenommen werden.

Die Übernachtungspreise sind sehr niedrig und oft verhandelbar. Manchmal werden sie aber auch vom Dorf-Tourismuskomitee festgelegt und sind dann als Festpreise zu verstehen.

Die Eigner oder Pächter der Lodge finanzieren sich hauptsächlich über ihr Speisenangebot, deshalb sollten Sie auch in der Lodge essen, in der Sie übernachten. Das noch vor Jahren obligatorische Dhal Bhaat hat mittlerweile die Konkurrenz von klassischen Traveller-Gerichten aus aller Welt bekommen.

Viele Unterkünfte bieten auch eine heiße Dusche an, die extra bezahlt werden muss. Erhitzt wird das Wasser mittels Sonnenenergie, Durchlauferhitzer oder einfach auf dem Herd. Bei letzterem sollten Sie aus ökologischen Gründen darauf achten, dass Kerosin (und kein Holz) als Brennstoff Verwendung findet.

Zum Zelten eignen sich die dafür gedachten Plätze vor bestimmten Lodges. Dies hat den Vorteil, dass auch deren Küche und Aufenthaltsraum genutzt werden können.

# Verhaltensregeln

Sind Sie in Nepal unterwegs, so bewegen Sie sich in einem völlig fremden Kulturraum mit eigenen Religionen und Traditionen. Entsprechend ungewohnt sind auch Sitten und Bräuche und die daraus resultierenden Verhaltensregeln.

Im touristisch gut erschlossenen Kathmandu-Tal und zunehmend auch in den wichtigsten Trekkinggebieten haben sich die Nepalesen bereits an viele als kurios, schrullig oder ärgerlich empfundenen Eigenheiten der Touristen gewöhnt, kein Grund, sich nicht um die Berücksichtigung einiger Grundregeln zu bemühen.

Da **Religion** im nepalesischen Alltag eine herausragende Rolle spielt, ist die Erwartungshaltung der Nepalesen in diesem Bereich auch besonders hoch. Es ist nicht gestattet, buddhistische oder hinduistische Tempel mit Schuhen zu betreten. Auch beim Besuch von Privatwohnungen, insbesondere Küchen, sollten die Schuhe ausgezogen werden. Es gilt als unhöflich, die Opfergaben von Gläubigen zu berühren. Beim Fotografieren religiöser Zeremonien sollte sehr zurückhaltend und feinfühlig agiert werden.

Wichtig auch für die Trekkingtour: Tempel, Stupas und Manimauern werden im Uhrzeigersinn (dem Lauf der Gestirne folgend) umrundet. Auch während des Wanderns geht es also links an der Manimauer auf der Wegmitte vorbei. Wenn Sie sich unterwegs Klöster anschauen, so freut man sich über einen kleinen Betrag für die Donation-Box.

Eng mit den religiösen Vorstellungen verbunden sind **Reinheitsvorschriften**, an die sich die Nepalesen halten müssen. Bereits benutztes Besteck und Geschirr wie auch Trinkflaschen oder schon begonnenes Essen sollten keinem Nepalesen angeboten werden. Als besonders unrein gilt die linke Hand, mit der auf keinen Fall Speisen weitergereicht werden dürfen. Traditionell gibt man sich auch bei der Begrüßung nicht die Hand, sondern legt beide Hände über der Brust zusammen, verbunden mit der Grußformel "Namaste".

Unhöflich wäre es auch, mit der linken Fußsohle auf eine Person zu zeigen, z.B. in bequemer Sitzhaltung.

Während die Anwohner in Thamel wohl keine noch so gewagte **Kleidung** mehr schocken kann, sieht dies bereits in den angrenzenden Stadtvierteln ganz anders aus. Um so mehr gilt dies für entlegene ländliche Regionen. Tragen Sie also auch beim Trekking dezente Kleidung. Shorts, Miniröcke und Spaghetti-Träger sind unangebracht.

Für viele Völker des Himalaya-Raumes ist das **Herdfeuer** heilig, weshalb auch kein Müll achtlos hineingeworfen werden darf. Generell sollte so wenig **Abfall** wie möglich produziert werden. Der Kauf von abgekochtem Wasser ist beispielsweise dem Erwerb von Mineralwasserflaschen vorzuziehen. Kleinere Müllreste können Sie selbst wieder mit ins Tal nehmen.

Die Annäherung an ein Dorf wird oft von einem vielstimmigen Kinderchor "Namaste - one pen!" (in einem Atemzug) begleitet. Obwohl das **Betteln** in Nepal auf eine lange Tradition zurückblicken kann und durchaus soziale Anerkennung findet, trifft dies auf die junge Erscheinung des Anbettelns von Trekkingtouristen nicht zu. Hier geht es nicht um die Bestreitung des Lebensunterhalts, sondern Kinder versuchen nach entsprechenden Erfahrungen einfach noch ein Stück Schokolade oder einen Kugelschreiber abzustauben. Doch leider geht auch mit jedem erbettelten Stift ein Stück Würde und Selbstachtung verloren, ein Prozess, der nicht unterstützt werden sollte.

Wenn Sie sich für die Anstellung von **Trägern** entschieden haben, so unterstützen Sie nicht nur die lokale Bevölkerung als Arbeitgeber, Sie sind auch ein Stück weit für das Wohlergehen und die Sicherheit Ihrer Helfer verantwortlich. Achten Sie also auf eine angemessene Bekleidung und Ausrüstung Ihrer Begleiter entsprechend Ihres Trekkingvorhabens.

# Wegmarkierung und Wegzustand

Selbst bis in die große Höhe des Laurebina La-Passes (4.610 m) sind gut erkennbare und technisch einfach zu begehende Wege vorhanden. Zuweilen ist Trittsicherheit erforderlich, aber ausgesetzte Wegstrecken sind eher eine Seltenheit. Große Vorsicht ist jedoch bei überfrorenen Passagen angebracht.

Während in Helambu und im unteren Langtang-Tal alte Verbindungswege zwischen den Dörfern genutzt werden, verbinden die Pfade im oberen Langtang-Gebiet seit langer Zeit die ständigen Siedlungen mit den alpinen Sommerweiden der Yaks. Das Wegenetz in Gosainkund wurde und wird von Pilgerströmen genutzt, die im Sommer die heiligen Seen aufsuchen.

Wegmarkierungen sind so gut wie nicht vorhanden, jedoch sollte die Orientierung anhand dieses Wanderführers kein Problem darstellen. Gelegentlich kann es in Dörfern schwierig sein, auf Anhieb den richtigen Pfad zu erwischen. Im Zweifel hilft dann eine kurze Nachfrage weiter.

Auch in der Hauptsaison können die Witterungsverhältnisse die Überquerung des Laurebina La und die Passage um Tharepati schwierig gestalten. Entweder muss man sich in diesem Fall in Geduld üben oder seine Trekkingpläne umstellen (☞ Reise-Infos von A bis Z, Klima und Reisezeit).

Völlig andere Anforderungen an Kondition und technisches Vermögen stellt die Überquerung des Ganja La (☞ Über den Ganja La).

# Zeit

Die nepalesische Zeit ist der Mitteleuropäischen Zeit (MEZ) um 4 Std. und 45 Min. voraus. Im Sommer beträgt der Vorsprung vor der Mitteleuropäischen Sommerzeit (MESZ) nur 3 Std. und 75 Min.

Die etwas ungewöhnliche Zeitdifferenz resultiert wohl nur aus dem Versuch Nepals, sich vom ungeliebten großen Bruder Indien um 15 Min. abzusetzen.

# Zoll

Die Ein- und Ausfuhr von Waren entspricht internationalen Standards. Eingeführt werden dürfen: eine Flasche Spirituosen (bis 1,15 l) oder 12 Dosen Bier, 200 Zigaretten, 50 Zigarren, 250 g Tabak, 15 Filme für Fotoaufnahmen, 12 Kassetten für Videoaufnahmen.

Bei der Einreise werden nur noch sehr selten teure Video- oder Fotoausrüstungen im Pass vermerkt, damit deren ordnungsgemäße Ausfuhr kontrolliert werden kann.

Vorsicht ist beim Kauf von Souvenirs geboten. Sind sie aus Leder oder Fell einer geschützten Tierart hergestellt, dürfen sie natürlich nicht ausgeführt werden.

Die Wahrscheinlichkeit, dass Sie an Kathmandus Souvenirständen echte Antiquitäten erstehen, ist extrem gering. Die Ausfuhr von Antiquitäten unterliegt einer starken Reglementierung. Sondergenehmigungen und Zertifikate erteilt (wohl nur theoretisch) das Department of Archaeology, National Archive Building, Ram Shah Path, Kathmandu (☏ +977/1/4250683, 4250688).

Auch die Ausfuhr von Edelsteinen und -metallen unterliegt Beschränkungen. Beim Kauf von hochwertigen Souvenirs sollten Sie sich eine Kaufquittung ausstellen lassen.

Nepalesische Rupien dürfen nicht ausgeführt werden.

# Trekkingrouten in Helambu, Gosainkund und Langtang

*Beim morgendlichen Aufstieg auf den Tsergo Ri*

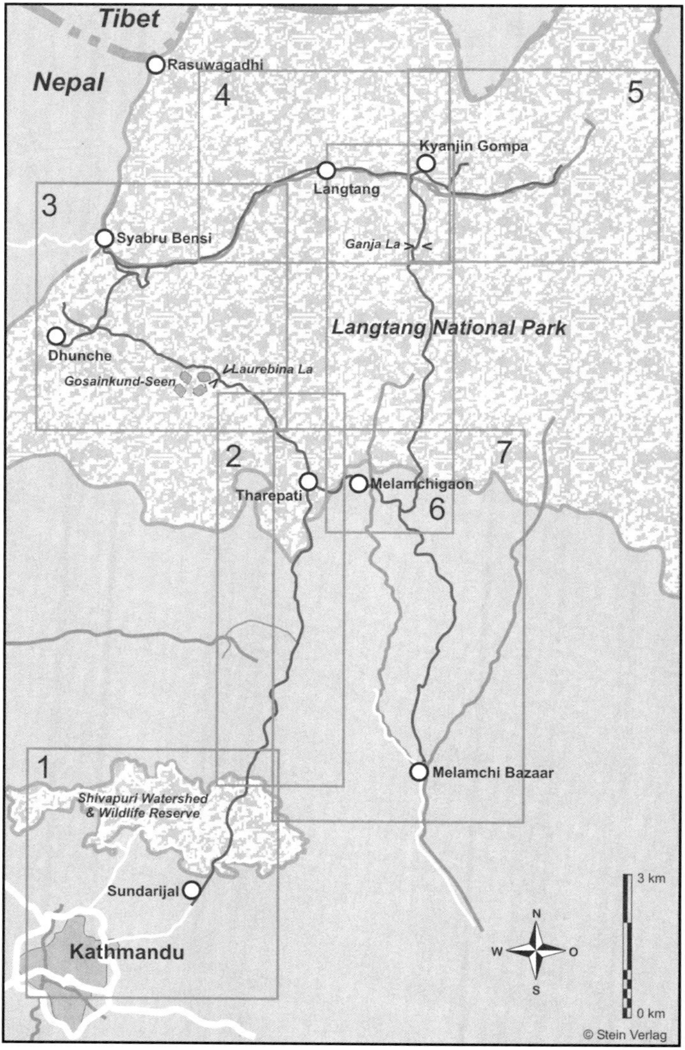
Tibet
Nepal
Rasuwagadhi
4
5
Kyanjin Gompa
Langtang
3
Syabru Bensi
Ganja La
Langtang National Park
Dhunche
Laurebina La
Gosainkund-Seen
2
7
Tharepati
Melamchigaon
6
1
Melamchi Bazaar
Shivapuri Watershed
& Wildlife Reserve
Sundarijal
Kathmandu
N
W
O
S
3 km
0 km
© Stein Verlag

# Anreise zum Wanderstart in Sundarijal

Diejenigen, die das Langtang-Tal direkt von **Syabru Bensi** erwandern wollen, finden Informationen zur Anreise mit dem Bus nach Syabru Bensi direkt vor der Wanderbeschreibung des Langtang-Tals ☞ Trekkingrouten in Helambu, Gosainkund und Langtang, Anreise zum Wanderstart in Syabru Bensi & Trekkingstart in Syabru Bensi

Die allermeisten Besucher Nepals kommen auf dem Tribhuvan International Airport etwa 5 km östlich des Stadtzentrums an. Wer bereits ein Visum im Pass hat, kann die Abfertigung recht schnell hinter sich bringen.

Die Visavergabe, für die ein Passbild benötigt wird (gleich nebenan ein Polaroid-Service), nimmt etwas mehr Zeit in Anspruch. Im Flughafengebäude gibt es Wechselstuben, deren Kurs geringfügig schlechter ist als in der Stadt.

Nach der Gepäckausgabe bieten auch Informationsschalter ihre Dienste an. Hilfreich sind die kostenlosen Stadtpläne von Kathmandu, die gemeinsam mit dem Angebot eines Hotelreservierungsservices ausgegeben werden.

Treten Sie aus dem Flughafen, so werden Sie von der üblichen Flut aus Taxifahrern und Hotelschleppern bestürmt. Von hier kostet eine Taxifahrt nach Thamel, dem Touristenviertel Kathmandus, ca. € 2,20 bis 2,80. Gehen Sie einfach nach rechts am Flughafengebäude entlang und folgen Sie dann der Straße nach links, die aus dem Gelände heraus zur Hauptstraße führt.

Hier warten bereits Taxis, die Sie für € 1,70 nach Thamel befördern. Dabei überqueren Sie gleich zu Beginn der Fahrt den Bagmati-Fluss, stromaufwärts ist mit der Tempelanlage von Pashupatinath das wohl bedeutendste Hindu-Heiligtum Nepals zu erkennen.

Die meisten Besucher Kathmandus kommen in Thamel unter, einem Stadtteil mit ausgeprägter touristischer Infrastruktur. Vom Flughafen bis hierher werden etwa 20 bis 30 Min. benötigt.

Der Bus zum Trekkingstart in **Sundarijal** startet vom City Bus Park am Durbar Marg in der Nähe des Ratna Parks. Eine Taxifahrt von Thamel dorthin kostet etwa € 0,50. Der Bus Nr. 2 fährt etwa einmal pro Stunde im vorderen Bereich des

Bahnhofes ab. Allerdings fahren nicht alle Busse, die diese Nummer tragen, wirklich nach Sundarijal, deshalb sollten Sie nachfragen.

Die etwa einstündige Fahrt kostet Rs 25 (€ 0,30) und führt durch Kathmandus Stadtteile Naxal und Bouddhanath, bevor die Hauptstadt verlassen wird. In Bouddhanath können Sie im Vorüberfahren durch einen breiten Durchgang vielleicht einen kurzen Blick auf den großen Stupa werfen, dessen Ursprünge bis ins erste Jahrtausend zurückreichen.

Danach führt die Fahrtstrecke durch die Reisfelder des ländlichen Kathmandu-Tals. Ein kleiner, von winzigen Läden umgebener Platz markiert das Ende der Straße und damit die Endstation Sundarijal. Hier können Sie sich noch mit Snacks und Mineralwasser eindecken, bevor Sie IhreTrekkingtour starten.

# Kathmandu

ℹ Nepal Tourism Board, Bhrikuti Mandap, Kathmandu (südlich des Ratna-Busbahnhofs), ☎ +977/1/4256909, 4256229, FAX +977/1/4256910, So bis Fr 9:00 bis 17:00, www.welcomenepal.com

In Thamel gibt es viele Hotels in jeder Preislage. Hier kann nur eine winzige Auswahl vorgestellt werden.

- Mt. Annapurna Guest House, Jyatha, Thamel, Kathmandu, ☎ +977/1/4225462, EZ/DZ ab € 3, etwas abseits vom großen Rummel in Thamel, freundlich geführtes Haus
- New Tibet Rest House, Jyatha, Thamel, Kathmandu, ☎ +977/1/4225462, EZ/DZ ab € 3, vergleichbar mit dem Mt. Annapurna Guest House, allerdings etwas düsterer
- Kathmandu Guest House, Thamel, Kathmandu, ☎ +997/1/4413632, 4422800, EZ von € 2 bis 50, DZ von € 4 bis 60. Eines der ältesten Häuser im Touristenviertel Thamel, das sich in den letzten Jahren enorm vergrößert hat und nun für jeden Geldbeutel etwas bietet.
- Potala Guest House, Chhetrapati, Thamel, Kathmandu, ☎ +977/1/4220467, EZ ab € 9, DZ ab € 13 bis 30, Hotel im südlichen Thamel mit gehobenen Ambiente

- Hotel Janak, Tripureshwor, Kathmandu, ☏ +977/1/4261117, 4261680, DZ ab € 10, schönes, empfehlenswertes Hotel im traditionellen Stil, weit weg von Thamel südlich der Altstadt, in einigen Zimmern ist allerdings der Straßenlärm störend

Kathmandu hat zwei bedeutende Busbahnhöfe: vom City Bus Park (Ratna Bus Park) am Durbar Marg gegenüber der Ratna-Parkanlage fahren Kurzstreckenbusse (u.a. nach Sundarijal und Melamchi Bazaar), während vom Gongabu Bus Park (Long Distance) an der nördlichen Ring Road die Fernbusse (u.a. nach Dhunche und Syabru Bensi) abfahren (☞ Trekkingrouten in Helambu, Gosainkund und Langtang, Anreise zum Trekkingstart in Sundarijal & Anreise zum Trekkingstart in Syabru Bensi).

Der Tribhuvan International Airport liegt nur wenige Kilometer östlich des Zentrums. Anbindung an die Stadt (☞ Trekkingrouten in Helambu, Gosainkund und Langtang, Anreise zum Trekkingstart in Sundarijal).

BANK Private Geldwechselstellen sind vor allem in Thamel überall zu finden. Sie sollten sich eine Umtauschbescheinigung aushändigen lassen, da diese beim Rücktausch theoretisch vorgelegt werden muss.

Bei Diebstählen oder ähnlichen Problemen im Kathmandu-Tal sollten Sie sich an die Touristenpolizei wenden:

- Zentrale, Bhrikuti Mandap, Kathmandu, ☏ +977/1/4247041
- Thamel, Kathmandu ☏ +977/1/4429750
- Polizei (allgemein) ☏ 100, 110, 120, 130

Ciwec Clinic (in der nähe des Yak & Yeti Hotels am Durbar Marg), ☏ +977/1/4228531, 4241732

- Nepal International Clinic (gegenüber dem Südtor des neuen Königspalastes), ☏ +977/1/4434642

☺ Zusätzlich gibt es im Tal einige Vertrauensärzte der Deutschen Botschaft:

- Dr. Shankar Prasad Suri, ☏ 977/1/5538461 (privat), 5523020 (Hargans Nursing Home, Jawalakhel, Lalitpur), 4226789 (Buddha Clinic, Jyatha, Kathmandu)
- Dr. Pratibha Pandey, ☏+977/1/4413979 (privat), 4241732 und 4228531 (Ciwec Clinic, s.o.)

Das General Post Office von Kathmandu befindet sich am Kantipath nördlich des Bhimsen Towers und wurde 2004 gerade umgebaut, Mo bis Fr 9:00 bis 17:00

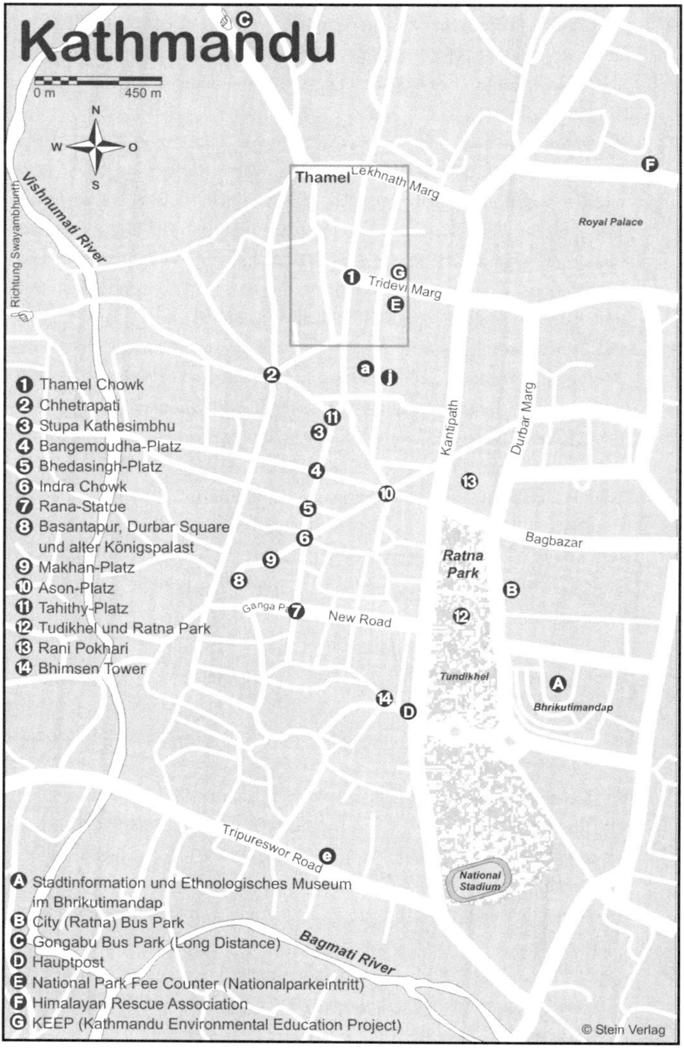
Kathmandu
0 m 450 m
N
W
O
S
Vishnumati River
Richtung Swayambhunth
Thamel
Lekhnath Marg
Tridevi Marg
Royal Palace
Kantipath
Durbar Marg
Bagbazar
Ratna Park
Ganga Path
New Road
Tundikhel
Bhrikutimandap
Tripureswor Road
National Stadium
Bagmati River
1 Thamel Chowk
2 Chhetrapati
3 Stupa Kathesimbhu
4 Bangemoudha-Platz
5 Bhedasingh-Platz
6 Indra Chowk
7 Rana-Statue
8 Basantapur, Durbar Square und alter Königspalast
9 Makhan-Platz
10 Ason-Platz
11 Tahithy-Platz
12 Tudikhel und Ratna Park
13 Rani Pokhari
14 Bhimsen Tower
A Stadtinformation und Ethnologisches Museum im Bhrikutimandap
B City (Ratna) Bus Park
C Gongabu Bus Park (Long Distance)
D Hauptpost
E National Park Fee Counter (Nationalparkeintritt)
F Himalayan Rescue Association
G KEEP (Kathmandu Environmental Education Project)
© Stein Verlag

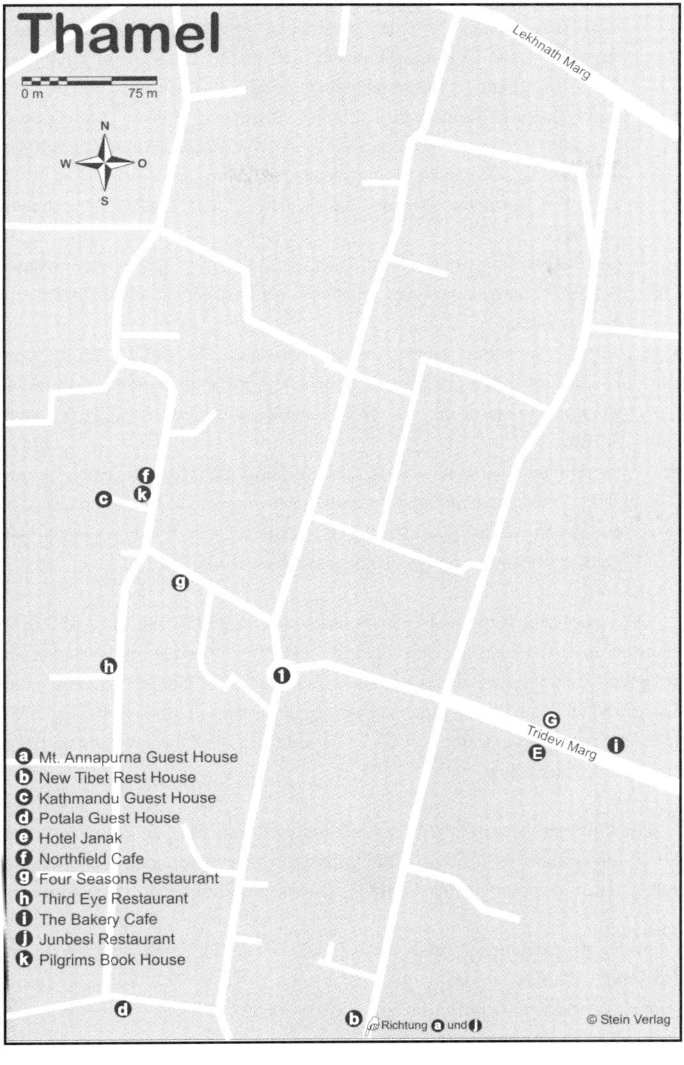
Thamel
0 m
75 m
N
W
O
S
Lekhnath Marg
Tridevi Marg
a Mt. Annapurna Guest House
b New Tibet Rest House
c Kathmandu Guest House
d Potala Guest House
e Hotel Janak
f Northfield Cafe
g Four Seasons Restaurant
h Third Eye Restaurant
i The Bakery Cafe
j Junbesi Restaurant
k Pilgrims Book House
Richtung a und j
© Stein Verlag

- 🕮 Pilgrims Book House, Thamel, Kathmandu, ☏ +977/1/4700942, 4700919
- ✕ Northfield Cafe, Thamel, Kathmandu, ☏ +977/1/4700884, angenehmes Gartenrestaurant, im Winter wärmende Feuer, oft Lifemusik
- ♦ Four Season Restaurant, Thamel Business House, Kathmandu, ☏ +977/1/470171, im Zentrum von Thamel mit Blick vom Balkon auf die quirlige Gasse, europäische und asiatische Küche
- ♦ Third Eye Restaurant, Thamel, Kathmandu, ☏ +977/1/4260160, gehobenes Ambiente
- ♦ The Bakery Cafe, Tridevi Marg, Thamel, ☏ +977/1/4422616, angenehmes Schnellimbissrestaurant fürs Frühstück, als Bedienung werden Taubstumme beschäftigt
- ♦ Junbesi Restaurant, Jyatha, Thamel, Kathmandu, ☏ +977/1/4266343, kleines, typisches Sherpa-Restaurant ohne jeden touristischen Rummel, allerdings schwer zu finden. Es liegt in der Nähe des Mt. Annapurna Guest House.
- 🛒 Ganz Thamel ist eine einzige Einkaufsmeile. Günstig kann man hier vor allem Trekkingausrüstung erwerben, auch wenn meist nur Markenplagiate angeboten werden. Die Qualität ist erstaunlich gut. Elektronikartikel und Fototechnik kauft man am besten in der New Road.

Die Hauptstadt Nepals ist eine faszinierende Metropole mit etwa **850.000 Einwohnern** im Großversuch eines Spagates zwischen Mittelalter und Neuzeit. Im gesamten Ballungsraum des Kathmandu-Tales mit den beiden anderen alten Königsstädten Patan und Bhaktapur leben sogar 1,3 Mio Menschen. Bei der jährlichen **Bevölkerungszunahme** von 6% im Tal wird sich die Einwohnerzahl im Jahre 2015 verdoppelt haben.

Der Großstadtlärm ist infernalisch, die Luftverschmutzung dramatisch und die Armut allgegenwärtig. Trotzdem ist Kathmandu eine Stadt, die man tagelang durchstreifen kann, um immer wieder Neues und Überraschendes zu entdecken.

In der ausgedehnten Altstadt mit mittelalterlichem Flair reiht sich ein beeindruckendes Bauwerk an das andere. Jeder noch so kleine Platz wird von einem Tempel dominiert und in den winzigen Gassen drängen sich kleine Schreine an die reich verzierten Fassaden der Newar-Häuser.

Die **Newar** sind seit vielen Jahrhunderten die prägende Ethnie der Stadt, ihre Handwerker haben die meisten der faszinierenden Bauwerke Kathmandus geschaffen. Von jeher in den gewinnträchtigen Handel mit Tibet involviert, wurden die Erlöse in handwerklich herausragend gefertigte Tempel und Wohnhäuser investiert.

Trotz der sich durch die Gassen quetschenden Taxis und Motorräder fühlt sich der staunende Besucher ins **Mittelalter** versetzt. Mit Zeit und Muße kann sich der Besucher im Menschenstrom durch die Basare treiben lassen. Nahezu jeder verfügbare Raum wird als Verkaufsfläche genutzt.

Neben den Newar leben heute Angehörige fast aller der etwa 75 Völker Nepals in der Hauptstadt. Viele sind als verarmte Bauern in der Hoffnung auf das große Glück hierher gekommen, doch nur wenige haben es gefunden. Auch die seit Jahren andauernden Auseinandersetzungen zwischen Armee und Maoisten spülen mehr und mehr Flüchtlinge in die Stadt.

In der **Altstadt**, die sich nördlich und südlich des alten Königspalastes (Durbar Square oder Hanuman Dhoka) ausbreitet, kann man sich gut anhand der kleinen, oft gut beschilderten (grüne Metallschilder) Plätze orientieren, um die sich die gleichnamigen Wohnviertel gruppieren.

Nördlich der Altstadt liegt das Touristenviertel **Thamel**. Hier gibt es zwar alles, was den internationalen Traveller erfreut (Pizzerias, deutsche Bäckereien, Pubs....), aber das eigentliche Nepal ist in Thamel nur selten zu erleben. Die vielen Hotels in jeder Preislage, Restaurants und Agenturen machen es trotzdem zum praktischen Ausgangspunkt einer Trekkingtour.

Das **modernere Kathmandu** ist östlich der Altstadt um die beiden großen verkehrsumtosten Nord-Süd-Achsen Kantipath und Durbar Marg angesiedelt. Hier befinden sich neben Einkaufszentren und Verwaltungsgebäuden auch die Hauptpost, die Touristeninformation und mit dem City Bus Park einer der beiden großen Busbahnhöfe der Stadt.

Im Westen wird Kathmandu durch den Vishnumati-Fluss begrenzt, während der Bagmati-Fluss im Süden die Grenze zwischen der Hauptstadt und der Zwillingsstadt Patan (Lalitpur) markiert.

## Geschichte

Die geschützte Lage des Kathmandu-Tales südlich des Himalaya im zentralen Bergland hat schon früh zu einer Besiedlung des Gebietes geführt. So ist die Geschichte Nepals weitgehend identisch mit der des Tales.

Gegründet zur Zeit der **Licchavi-Dynastie** (300 bis 880 n.Chr.) wurde Kathmandu später insbesondere durch die **Malla-Könige** geprägt, die von 1200 bis 1768 herrschten. Unter Sthitvi Malla wurde das gesamte Tal im 14. Jahrhundert zum Reich Kathmandu zusammengefasst, das später wieder in drei Königreiche (Kathmandu, Patan und Bhaktapur) zerfiel.

Die jeweiligen Herrscher versuchten sich mit viel Erfolg gegenseitig mit architektonischen Meisterleistungen zu übertrumpfen und so stammen auch die beeindruckendsten Bauwerke aus dieser Zeit.

1768 eroberte schließlich König Prithvi Narayan Schah vom 100 km westlich gelegenen Gorkha aus das Tal und begründete die **Schah-Dynastie**, der noch das heutige Herrscherhaus entstammt. Nur zwischen 1846 und 1950 gelang es der Familie der **Rana**, die den Premierminister stellte, die Schah-Könige in ein politisches Schattendasein zu zwingen.

Die zunehmende Demokratisierung und Liberalisierung in der zweiten Hälfte des 20. Jahrhunderts führten zu einem aktiven politischen Leben, bescheidenem wirtschaftlichen Aufschwung und verbesserten Parametern im Gesundheits- und Bildungswesen.

Mit dem dramatischen Bevölkerungswachstum konnte die städtische Infrastruktur nicht einmal annähernd mithalten, so hat sich die **ökologische Situation** von Jahr zu Jahr verschlechtert. Erst in letzter Zeit versucht die Stadtverwaltung konsequenter gegenzusteuern. 2003 wurden auf einen Schlag 2.500 Motorrikschas verboten, die erheblich zur Luftverschmutzung in der Hauptstadt beigetragen haben. Auch industrielle Dreckschleudern, wie Zementfabriken und Ziegelbrennereien, sind geschlossen worden.

Seit einigen Jahren wird Kathmandu durch gelegentliche Aufrufe der **Maoisten** zu Generalstreiks (Bandhs) jeweils für einige Tage lahm gelegt. Aus Angst vor Repressionen bleiben dann auch viele Geschäfte geschlossen und der öffentliche Verkehr kommt zum erliegen.

**Stadtrundgang und Sehenswürdigkeiten**

Es ist nicht Aufgabe dieses Trekkingführers, alle Sehenswürdigkeiten Kathmandus detailliert zu beschreiben, deshalb finden hier nur einige besonders wichtige Erwähnung.

Da die meisten Besucher in Thamel Quartier beziehen, soll der Bummel durch die Altstadt von Kathmandu auch hier beginnen. Günstig sind die späten Nachmittagsstunden, besuchen doch während der Dämmerung besonders viele Nepalesen die Tempel und Schreine in der Altstadt - eine ganz besondere Atmosphäre für einen Spaziergang.

Vom Thamel Chowk aus folgen Sie dem Sträßchen Thamel Richtung Westen. Dieses stößt nach 100 m auf Höhe der Hot Breads Bäckerei auf eine Straße (A.J.P. Road), der Sie nach links, vorbei am Third Eye Restaurant, folgen.

Nach wenigen Minuten erreichen Sie in der Nähe des Potala Guesthouse eine weitere Querstraße, in die Sie nach rechts einbiegen. Bald fällt auf der rechten Seite ein Pipalbaum auf, hier gehen Sie nach links in Richtung des Kreisverkehrs Chhetrapati. Der Pavillon dient einigen der vielen Obdachlosen der Stadt als Unterkunft.

Vom Kreisverkehr aus führt ein beschilderter Weg (Shova Bhagawati) nach Nordwesten zum großen Stupa von Swayambhunath, eine Strecke, die als **Variante A** später beschrieben werden soll.

Zunächst brauchen Sie jedoch nicht die Straßenseite zu wechseln, sondern biegen einfach um die Ecke und folgen der vom Kreisverkehr aus nach Südosten führenden Straße. Das recht plötzliche Verschwinden der Souvenirläden zeigt, dass Sie Thamel hinter sich gelassen haben.

Schnell treffen Sie auf einen zweistöckigen kleinen **Pagodentempel**, der dem elefantenköpfigen Gott Ganesh geweiht ist. An dieser Straßengabelung sollte der rechte Abzweig gewählt werden.

Erneut stoßen Sie auf eine Straße, die nach links zum markanten Thahity-Platz führt, der aber erst später besucht wird. Deshalb biegen Sie hier rechts ab. Das Warenangebot (Stoffe mit buddhistischen Motiven und Gebetsfahnen) deutet den buddhistischen Hintergrund des Viertels an.

*Straßenszene in Kathmandu*

So entdecken Sie bereits nach wenigen Metern eine nach rechts führende Sackgasse, die zum größten Stupa (☞ Ethnien im Trekkinggebiet und in Kathmandu) in der Altstadt von Kathmandu führt. Der **Stupa Kathesimbhu** stammt wohl erst aus dem 17. Jahrhundert, ist aber von viel älteren kleinen Skulpturen umgeben.

Ihr Weg führt Sie weiter durch den Stoffbasar, vorbei an einigen einfachen Zahnarztpraxen, die deutlich an ihren Reklameschildern zu erkennen sind. Erfolg und Erfahrung der praktizierenden Ärzte ist in den Vitrinen davor zu bewundern.

Bald ist der **Bangemudha-Platz** erreicht, wo ein kleiner **Vishnu-Tempel** auffällt. Davor hält das Reittier des Gottes, der geflügelte Garuda, Wache. Den Anbruch neuer Zeiten signalisiert die Quarzuhr am Tempelturm.

Es geht weiter geradeaus, wobei Sie gleich hinter der Kreuzung auf der linken Seite einen mit Münzen übersäten **Holzblock** entdecken werden. Dem Volksglauben nach hilft das Annageln einer Münze gegen Zahnschmerzen, stellt sich kein Erfolg ein, so stehen die Ärzte gleich nebenan bereit.

200 m durch den Goldschmuckbasar führen zum **Bhedasingh-Platz**, wo ein ungenutzter Shiva-Tempel von Händlern okkupiert worden ist. Wenn Sie den Tem-

*Der Durbar Square in Kathmandu*

pel im Uhrzeigersinn umrunden, entdecken Sie an der Hausfront gegenüber zwischen den Keramikgeschäften einen unscheinbaren Durchgang zu einem Innenhof.

Hier verbirgt sich einer der schönsten Tempel des Tals, der Schrein des **Seto Machendranath**, einer Schutzgottheit des Kathmandu-Tals. Zur besonderen Atmosphäre des Ortes (speziell während der Hauptopferungszeit am Morgen) tragen unzählige kleine Statuen und Votivstupas im Umfeld des Tempels bei.

Zurück auf dem Bhedasingh-Platz wird nach kurzer Zeit der **Indra Chowk** erreicht, den großes Menschengewühl ankündigt. Hier beeindruckt besonders die Fassade des **Akash-Bhairab-Tempels**, dessen Heiligtum im ersten Stock nur von Hindus betreten werden darf. Er wird von Wächtergottheiten beschützt, das vom Dach herabhängende Metallband soll den Besuch des Gottes auf Erden erleichtern.

Der Rundgang führt weiter geradeaus auf die moderne, breite Straße **Shukra Path**, eine exklusive Shoppingmeile, wo Stoffe, Schmuck und preiswerte Elektronik und Fototechnik angeboten werden.

Beim Kreisverkehr mit der Statue eines Rana-Premierministers trifft der Shukra Path auf die nach links führende New Road (ein Spaziergang in die Neustadt wird als **Variante B** beschrieben) und den nach rechts abgehenden **Gangapath**. Dieser bringt Sie jetzt in das Herz der Altstadt.

Nach kurzer Strecke öffnet sich der weite **Basantapur-Platz** mit seinem riesigen Souvenirangebot. Rechts erstreckt sich der **alte Königspalast** mit dem zweistöckigen Lalitpur-Turm und dem dreistöckigen Basantapur-Turm.

Vor Ihnen liegt der **Durbar Square**, für den ein Eintritt von Rs 200 (€ 2,20) bezahlt werden muss. Das Ticket ist für mehrere Tage gültig und kann im Tourismusbüro an der Südwestecke des Basantapur-Platzes auch so verlängert werden, dass es nach der Trekkingtour noch genutzt werden kann.

Der weiße, jüngste Teil des Palastes (**Gaddi Baithak**) stammt erst aus dem frühen 20. Jahrhundert. Gegenüber der Südwestecke des Gaddi Baithak befindet sich links der Straße der **Kumari Chowk**, in dem noch heute eine lebende Göttin, die Kumari, residiert. Kumaris gibt es in vielen Städten des Kathmandu-Tals, aber nirgends ist der Kult um sie so ausgeprägt wie in der Hauptstadt.

Die Kumari wird aus einer großen Zahl kleiner Mädchen einer bestimmten Kaste ausgewählt und gilt als eine irdische Erscheinungsform der hinduistischen Göttin Durga. Das Mädchen wird bis zur ersten Menstruation als lebende Göttin verehrt und kann erst danach ihr abgeschiedenes Leben im Kumari Chowk aufgeben.

Von besonderem architektonischen Interesse ist der reich mit Schnitzereien verzierte Innenhof.

Am südwestlichen Ende des Durbar Square finden Sie das **Kasthamandap**. Das älteste Gebäude auf dem Platz stammt wohl aus dem 12. Jahrhundert, wurde aber mehrfach umgebaut. Es soll aus dem Holz eines einzigen Baumes errichtet worden sein und diente als Versammlungshalle direkt an der Handelsroute nach Tibet. Der Name der nepalesischen Hauptstadt wurde angeblich von der Bezeichnung Kasthamandap abgeleitet.

Gleich nebenan befindet sich der kleine aber bedeutende **Ganeshschrein Ashok Vinayak**. Der elefantenköpfige Gott Ganesh erfreut sich in Nepal als Aus-dem-Weg-Räumer von Hindernissen großer Beliebtheit und entsprechend stark ist der Tempel frequentiert. Davor hockt eine Rattenskulptur, kurioserweise das Tragetier des dickbäuchigen Ganesh.

Den besten Blick auf das Treiben auf dem Durbar Square hat man vom zentralen **Maju Deval** aus dem 17. Jahrhundert. Nördlich befindet sich das **Shiva Parvati Mandir**, wo sich das genannte Götterpaar am Fenster über dem Haupteingang zeigt.

Wenn Sie entlang der Palastmauern nach Norden gehen, gelangen Sie zum **oberen Teil des Platzes**. Von der hohen **Säule** schaut Pratap Malla mit königlicher Würde herab. Ähnliche Plastiken stehen auch vor den Palästen in Patan und Bhaktapur.

Neben dem Eingangstor des Palastes wacht die kaum noch erkennbare Statue des Affengottes **Hanuman**, mit dem sich die herrschende Schah-Dynastie besonders verbunden fühlt. Entsprechend einem auf dem ganzen Subkontinent verbreiteten Brauch ist sie gänzlich mit roter Sindurpaste bestrichen, so dass kaum noch Konturen zu erkennen sind.

Zwischen dem Palasteingang und der Pratap Malla-Säule befindet sich der schöne **Jagannath Mandir**, der auch für seine erotischen Verzierungen an den tragenden Balken des Tempeldaches bekannt ist. Ähnliche Darstellungen spielen in der Ikonographie von Buddhismus und Hinduismus eine bedeutende Rolle und finden sich an vielen Sakralbauten.

An der furchterregenden Figur des **Kala Bhairab** vorbei führt der Rundweg weiter nach Norden. Vor dieser schrecklichen Erscheinungsform des Gottes Shiva wurde früher Gericht gehalten. Lügner wurden angeblich sofort entlarvt und von der furchtbaren Gottheit mit dem Tode bestraft.

Auf dem Palastgelände selbst befindet sich mit dem **Taleju Mandir** der größte Tempel der Altstadt. Das aus dem 16. Jahrhundert stammende Bauwerk darf nur an bestimmten Feiertagen von Nepalesen betreten werden.

Auf der linken Wegseite wird ein weiterer **Shiva-Tempel** mit Uhr passiert. Er ist zwar jünger, aber deshalb nicht weniger beliebt bei den Gläubigen. Sie verlassen den Palastplatz auf dem gepflasterten Weg nach Norden und stoßen auf den kleinen **Makhan-Platz**. Links sollten Sie sich noch die alte und gut erhaltene Garuda-Figur anschauen, die vor einem kleinen Schrein hockt.

Bald ist der bereits bekannte **Indra Chowk** erreicht, der jetzt direkt überquert wird. Sie folgen hier dem ausgewiesenen Weg zum Ason-Platz. In der engen

Straße werden Metallgegenstände aller Art angeboten. Am besten lässt man sich mit der Menge treiben und bestaunt die exotischen Auslagen. Beim **Kel Tol-Platz** ist der Haupteingang zum Tempel des Seto Machendranath erreicht, den Sie schon kennen gelernt haben.

Wenige Schritte weiter stehen Sie im Menschengewühl des schönsten Platzes auf der Route, des **Ason**. Hier werden Gemüse, Gewürze und sogar Fisch angeboten. Der beliebteste Tempel auf dem Platz ist die dreistöckige **Pagode der Göttin Annapurna**, die im Schrein symbolisch durch eine Vase dargestellt wird.

Sie überqueren den Platz halblinks und folgen der Beschilderung nach Tyeuda. Zunächst kreuzen Sie den **Tyora Platz** und halten sich links eines **Krishna-Tempels** in Richtung des **Thahity Platzes**. Bei der nächsten Abzweigmöglichkeit nach links gehen Sie weiter geradeaus.

Gleich stoßen Sie auf diesen letzten größeren Platz vor Thamel, dessen Zentrum ein kleiner Stupa markiert. An der Nordostecke des Platzes beginnt, erkennbar an der wachsenden Zahl von Souvenirgeschäften, der Hauptweg nach Thamel, wo Sie wieder in die ganz eigene Welt dieses Stadtviertels eintauchen. Hier laufen Sie einfach geradeaus, bis Sie nach etwa 15 Min. wieder den Ausgangspunkt (**Thamel Chowk**) des Rundgangs erreicht haben.

*Am Ganesh-Tempel in den Außenbezirken der Hauptstadt*

## Variante A: Von Chhetrapati zum Stupa von Swayambhunath

Vom Kreisverkehr **Chhetrapati** aus (siehe oben) biegen Sie in die mit **Shova Bhagawati** ausgeschilderte Straße ein. Bereits von hier aus bietet sich Ihnen ein kurzer Blick auf den Hügel mit dem Stupa.

Bei dem kleinen Platz **Dhalko** folgen Sie der Hauptstraße halbrechts. Schon nach 10 Min. gelangt man zur Brücke über die traurigen Reste des **Flusses Vishnumati**, wo sich an beiden Ufern Tempelanlagen befinden.

Ignorieren Sie den Weg gleich hinter der Brücke rechts und steigen Sie nur wenige Meter weiter (vor der Linkskurve) die Treppen zu dem roten Gebäude am Hang hinauf. Die **Tempelanlage** ist einer buddhistischen Gottheit geweiht und der schöne Innenhof lohnt einen Besuch.

Der Weg führt rechts des Komplexes bergauf und weiter geradeaus. Bald wird eine meist gut hörbare Schule passiert. Der Stupa ist nun schon ganz nah auf der Hügelkuppe zu sehen. Nach 25 Min. ist das **große Tor** (Kagnis) am Hügelfuß erreicht. Auf dem Pagodendach ist das buddhistische "Rad der Lehre" flankiert von Gazellen dargestellt, die an die erste Predigt Buddhas in einem Gazellenhain in der Nähe von Benares erinnern. Hinter dem Tor rechts fallen einige riesige **Gebetsmühlen** (Mani Dongyur) auf. Vor Ihnen liegen 365 Stufen hinauf zum Stupa, bewacht von Buddhastatuen und belagert von jeder Menge Rhesusaffen (Eintritt Rs 50/€ 0,60).

Vom Hügelplateau des 2.000 Jahre alten **Stupa** bietet sich ein wunderbarer Blick über ganz Kathmandu. Viele Legenden verbinden das Bauwerk eng mit der Entstehungsgeschichte der Stadt. Über das Gelände sind viele kleine Tempel und Votivstupas verstreut. Am auffälligsten ist der **Harati-Schrein** mit dem vergoldeten Dach im Nordwesten der Anlage. Dieser Schutzgottheit der Kinder opfern vor allem Mütter, um Gesundheit für die Familie zu erbitten.

## Variante B: Von der New Road in die Neustadt

Vom **Kreisverkehr** mit der Statue des Premierministers Juddha S. Rana folgen Sie der **New Road** mit exzellenten Einkaufsmöglichkeiten (vor allem Fototechnik). Kurz vor dem die Straße überspannenden Tor befindet sich links ein kleiner Ganesh-Schrein. Hinter dem Tor kann die New Road überquert werden, danach gelangt man über die Fußgängerüberführung auf die andere Seite des **Kantipath**.

Das freie Gelände, das sich parallel zur Hauptstraße erstreckt ist der **Tundikhel**, der Paradeplatz von Kathmandu. Wenden Sie sich auf dem Kantipath nach Norden. Auf der Höhe eines Pipalbaumes auf der Fahrbahnmitte führen vom rechten Fußweg Treppen zu einem belebten **Bhairab-Tempel**.

Weiter nördlich schließt sich der verwahrloste **Ratna Park** an den Paradeplatz an. Während des zehntägigen Dasain-Festes werden hier hunderte Enten, Hühner und Schafe zum Kauf angeboten, die dann zum Höhepunkt der Feierlichkeiten geopfert werden.

Folgen Sie der Hauptstraße bis zur nächsten Kreuzung. Dort führt die Straße nach links zurück in die Altstadt zum Ason-Platz. Der Weiterweg in die Neustadt verläuft aber nach rechts zwischen dem Ratna Park im Süden und dem **Rani Pokhari** im Norden. Das große künstliche Wasserbecken Rani Pokhari ließ König Pratap Malla im 17. Jahrhundert errichten, um seine Frau über den Tod ihres Sohnes hinwegzutrösten.

Nur wenig später gelangen Sie zur größten Parallelstraße des Kantipath, zum **Durbar Marg**.

Wenn Sie ihn geradeaus überqueren, gelangen Sie in die lebhaften Basarstraßen des Bagh- und Dilli-Basars. Folgen Sie dem Durbar Marg nach Norden, erreichen Sie in der Nähe des neuen Königspalastes das berühmte Yak & Yeti-Hotel sowie einige schicke Boutiquen und Büros von Fluggesellschaften.

Der beschriebene Rundweg biegt jedoch nach rechts in den Durbar Marg ab, nur wenig später stehen Sie dann vor der Ausfahrt des **City Bus Parks** (Ratna Bus Park), wo auch der Bus zum Ausgangspunkt der Trekkingtour startet.

Das neue Gebäude etwas weiter südlich des Busbahnhofs beherbergt die **Touristeninfo**, die durchaus einen Besuch wert ist. Die Mitarbeiter sind informiert und engagiert. Im Obergeschoss befindet sich das **Ethnologische Museum** der Hauptstadt (Mo bis Fr 9:00 bis 17:00, Rupien 25/ € 0,28), das Sie sich unbedingt anschauen sollten. Gleich links des Haupteingangs ist auch das Büro für Visaverlängerungen untergebracht.

Wenn Sie immer der Tundikhel-Umzäunung folgen, gelangen Sie wieder zum **Kantipath**. Der auffällige Turm auf der anderen Straßenseite wird als **Bhimsen Tower** (nach seinem Erbauer im Jahre 1832) bezeichnet. Etwas nördlich liegt direkt am Kantipath das **Hauptpostamt**. Da dort zur Zeit gebaut wird, befindet sich der Eingang vorübergehend fast zu Füßen des Turmes.

Nur wenige Meter weiter entlang der Hauptstraße stoßen Sie wieder auf die **New Road**.

Im Kathmandu-Tal gibt es noch jede Menge andere Ziele, die Sie sich nicht entgehen lassen sollten. Dazu gehören Besuche von Patan, Bhaktapur, des Stupa von Bouddhanath, der Tempelanlage von Pashupatinath und vieles mehr.

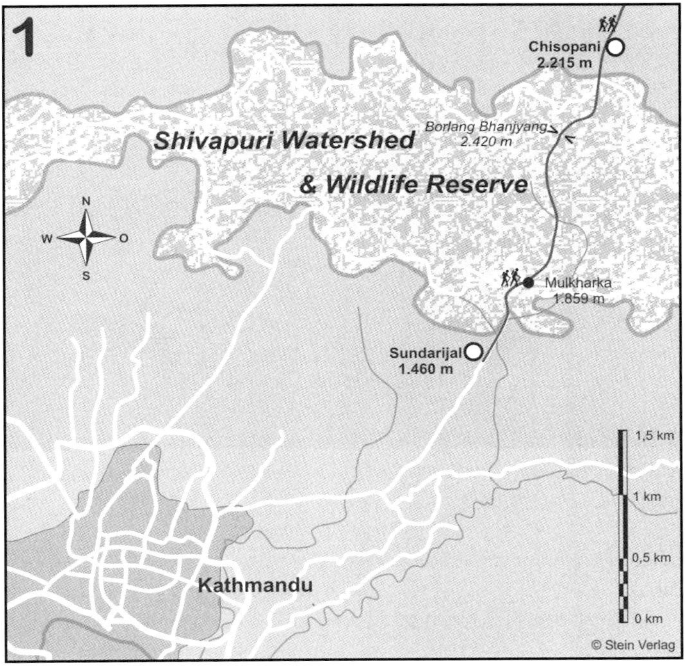


# Das westliche Helambu

## Etappe 1: Sundarijal (1.460 m) - Borlang Bhanjyang-Pass (2.420 m) - Chisopani (2.215 m) 4 Std. 30 Min.

Bereits der Start der Trekkingtour hat es in sich. Fast 1.000 Höhenmeter sind bis zur Überschreitung des Borlang Bhanjyang ("Bhanjyang" bedeutet "Pass") zu überwinden, bevor sich die Strecke hinunter nach Chisopani senkt.

Ein kleiner Weg im Norden des Platzes von Sundarijal führt oberhalb des Bagmati-Flusses vorbei an einem Polizei-Lager. Dahinter treffen Sie auf eine Wasserleitung aus Gusseisen, die einen Teil der Wasserversorgung von Kathmandu

*Mädchen vor dem Gehöft ihrer Eltern in den Terrassenfeldern von Helambu*

sicherstellt. Von hier aus verläuft der Weg über Stein- und Betonstufen steil nach oben.

Gleich zu Beginn weist ein Schild nach links, wo in einem kleinen Haus der Eintritt von Rs 1.000 (€ 11) für den Langtang-Nationalpark bezahlt werden kann, sofern dies noch nicht in der Hauptstadt geschehen ist. Im Frühjahr 2005 war es allerdings geschlossen! Die Grenzen des Parks sind von hier aber noch weit entfernt.

Weiter oben überbrückt der Weg einen Bach, der in einem Wasserfall von links herunterrauscht. Nach 30 Min. steilen Aufstieges durch schönen Wald ist der Eingang des relativ kleinen Shivapuri National Parks erreicht. Auch hier muss Eintritt (Rs 250/€ 2,80) gezahlt werden.

Das Gebiet ist 144 km² groß und wurde als neunter Nationalpark Nepals unter Schutz gestellt. Geführt wird der Park vom Shivapuri Watershed Development Board. Schwarzbär, Leopard, der allgegenwärtige Rhesusaffe und nicht zuletzt über 100 Schmetterlingsarten sind hier zu Hause.

*Der große Stupa von Bouddhanath*

Nur wenige Minuten hinter dem Eingang zum Nationalpark weist ein Schild den Weg zum Sundarimai Devi-Tempel, einem der bedeutenderen Tempel am Rande des Kathmandu-Tals. Dieser kurze Abstecher ins Tal lohnt sich, da der Schrein sehr schön in die Klamm des Bagmati-Flusses hineingebaut wurde. Besonders während des Dasain-Festes wird er von vielen Pilgern besucht. Betonstufen führen hinunter.

Die Trekkingroute führt am Wegweiser jedoch weiter geradeaus und nach 45 Min. ist ein Wasserreservoir erreicht, das auf einem Damm überquert wird. Dahinter verläuft die Strecke weiter am Gebäude der Wasserverwaltung entlang. Bald gabelt sich der Weg, während Treppen nach links führen, gehen Sie nach rechts bergauf zum Hotel und Restaurant Karma.

Vor dem Hotel stoßen Sie auf eine Jeeppiste, auf der man nach rechts ebenfalls nach 22 km nach Chisopani gelangt. Der richtige Weg führt jedoch geradeaus, den Treppen rechts des Hotels bergauf folgend (14 km bis Chisopani).

Meist über Treppen geht es nun immer durch das Tamang-Dorf Mulkharka steil bergauf. Hier gibt es jede Menge Teehäuser, die mit schönem Blick ins Kathmandu-Tal locken. Dort sind deutlich der Stupa von Bouddhanath und das

Flughafengelände zu erkennen. Da zwischen Mulkharka und Chisopani keine weitere Gelegenheit zur Einkehr besteht, sollte die Möglichkeit einer Rast hier auch genutzt werden.

Bleiben Sie immer auf dem Hauptweg, der sich im oberen Ortsteil für ein kurzes Stück zum Hohlweg verengt. Nach 1 Std. 45 Min. bleiben die letzten Häuser des Dorfes zurück. Weiter oben passieren Sie die verlassenen Gebäude eines Armeepostens. Der schöne Blick lädt auch hier zum Verweilen ein ().

Danach schlängelt sich der Wanderweg leicht ansteigend und immer gut sichtbar bergauf. Der schöne Wald aus Eichen und Rhododendron, das Herzstück des Shivapuri Nationalparks, spendet häufig angenehmen Schatten. Im Frühjahr wandert man hier durch ein Blütenmeer.

Nach 3 Std. 30 Min. ist die Passhöhe Borlang Bhanjyang (2.430 m) fast 1.000 m über Sundarijal erreicht. Hier wird der Shivapuri-Gebirgszug überschritten, der das Kathmandu-Tal begrenzt. Behindern keine Wolken die Sicht, so bietet sich auf dem letzten Wegstück ein schöner Blick auf die Bergwelt des Himalaya ().

Bald sind die ersten Häuser von Chisopani ("Kaltes Wasser") zu erkennen. Es liegt auf einem Rücken, der die Täler der Flüsse Likhu im Westen und Sindhu im Osten trennt. Die Talhänge sind großräumig terrassiert, die hohe Bevölkerungsdichte ist ein Indiz für die Fruchtbarkeit des Bodens.

Kurz vor Chisopani (2.215 m) ist ein Armeecamp eingerichtet worden, das unterhalb umgangen werden muss. Nach 4 Std. 30 Min. gelangen Sie schließlich zu den wenigen Lodges der Siedlung, die für ihren herausragenden Blick auf den Himalaya bekannt ist. Hier stoßen Sie auch wieder auf die Jeeppiste, die beim Hotel Karma bereits überquert worden ist.

Das Panorama () im Norden wird von den Massiven des Dorje Lakpa (6.988 m), des Dome Blanc (6.830 m) und des Kangchenpo (H. Tilman's Fluted Peak, 6.387 m) bestimmt. Bei guter Sicht sind ganz im Westen selbst der Annapurna und der Manaslu Himal zu sehen.

Die Lodges Lama Dorje Lakpa, Hotel BBC, Annapurna Mountain View und, etwas weiter wegabwärts, Manakamana verfügen über ähnlichen Standard. Der Zimmerpreis liegt mit Rs 200 (€ 2,20) allerdings deutlich über dem Durchschnitt.

Etwas unterhalb der Manakamana-Lodge befindet sich auf der linken Wegseite ein kleines Kloster, dessen Innenraum sehr schön gestaltet ist. Leider ist es oft verschlossen.

## Etappe 2: Chisopani (2.215 m) - Pati Bhanjyang (1.770 m) - Chipling (2.170 m) - Gulphu Bhanjyang (2.130 m) - Kutumsang (2.470 m) 6 Std. 45 Min.

Die zweite Tagesetappe ist mit 6 Std. 45 Min. Wanderzeit recht lang, so dass nicht zu spät gestartet werden sollte. Unterwegs bietet sich jedoch immer wieder die Möglichkeit einer früheren Übernachtung an.

Vom Hotel Manakamana aus führt die Jeeppiste in Serpentinen Richtung Norden bergab, wobei der Horizont von den Bergen des Ganesh und des Jugal Himals bestimmt wird.

Schnell kreuzt die Piste einen tief ausgewaschenen und ausgetretenen Pfad, dem man nach Norden folgt, um so einige Schleifen der Fahrspur abzukürzen. Bleiben Sie auf diesem Weg, auch wenn der noch einmal die ebenfalls nach Pati Bhanjyang führende Piste tangiert.

Bald sind die ersten malerischen Gehöfte des Ortes erreicht, wenig später, auf teilweise rutschigem Weg, Pati Bhanjyang selbst (30 Min.). Die kleine Siedlung erstreckt sich malerisch auf einem Sattel in 1.770 m Höhe. Das von Buddhisten und Hindus bewohnte Dorf verfügt über einige sehr einfache Teehäuser und Lodges.

Der Weg verläuft direkt durch den Ort und dann links an der Shivapuri-Lodge vorbei. Dahinter gabelt sich der Pfad: der rechte Abzweig führt eben am Hang weiter, links windet sich die Trekkingroute den Berg hinauf Richtung Chipling. Letzterem Pfad müssen Sie folgen. Bereits nach wenigen Metern ignorieren Sie einen nach rechts abgehenden Pfad, hier laufen Sie weiter geradeaus.

Die Strecke passiert einige schöne Gehöfte inmitten der terrassierten Hänge. Angebaut wird hier zumeist Hirse. Für kurze Zeit senkt sich der Pfad zu einem kleinen Bach, bevor er wieder allmählich ansteigt. Bald verbreitert er sich und quert den Hang.

*Blick auf Chipling*

Die Route folgt immer dem Hauptweg, passiert nach 1 Std. 30 Min. eine Quelle und biegt schließlich in ein Seitental ein. Nach 2 Std. ist der kleine Flecken Thankune Bhanjyang erreicht, der durch das schöne Lama Guest House markiert wird. Vor dem anstrengenden Aufstieg nach Chipling kann hier eine Pause eingelegt werden.

Die weitere Route verläuft links an der Lodge vorbei bergauf. Der Blick nach rechts fällt auf nackte Bergflanken, die die Gefährdung des Gebietes durch Erdrutsche deutlich vor Augen führen. Nach kurzer Wegstrecke haben Sie freien Blick auf den steilen Anstieg nach Chipling, der jedoch dank der vielen Serpentinen recht gut zu bewältigen ist.

Die Gosainkund View Lodge in Chipling (2.170 m) bietet nach 3 Std. eine willkommene Möglichkeit für eine kurze Rast (). Weiter verläuft die Strecke weg von der Lodge bergauf (gleich links, wenn man vom Aufstieg kommend die ersten Häuser des Ortes erreicht) durch die Siedlung.

Nach wenigen Minuten werden die mit Gebetsfahnen geschmückten Lodges Mountain View und Chipling Lama passiert. Auf den Fahnen sind Gebete, religiöse Texte und das Windpferd (Lung-ta) aufgedruckt. Letzteres trägt die Gebete der

Gläubigen mit dem Wind in alle Himmelsrichtungen.

Die Gebetsfahnen machen deutlich, dass hier und in den Dörfern im Norden der Buddhismus zu Hause ist. So wird Chipling auch von buddhistischen Sherpa und Tamang bewohnt.

Der Wanderweg verläuft weiter am Chipling Lama Guest House vorbei und führt leicht ansteigend bergauf. Bei den letzten Häusern des Ortes nach links abgehende Wege werden ignoriert.

Nach 4 Std. und einem langen Anstieg kommen Sie an einem kleinen Steinhaus vorbei, hinter dem sich der Weg gabelt. Sie folgen der Abzweigung nach rechts hoch zur Ganga Lodge in Lapcho. Von hier aus geht es noch ein kleines Stück bergan vorbei an einem Stupa zur Tashide Lodge.

Stupas (tibet.: Chörten) sind kuppelförmige buddhistische Heiligtümer, in deren massivem Inneren Reliquien oder religiöse Texte aufbewahrt werden. Manchmal werden sie auch zum Andenken an verstorbene Angehörige oder an bedeutende Ereignisse errichtet. Sie sollten immer im Uhrzeigersinn umgangen werden.

Von der Lodge aus führt der Weg endlich eben bis abfallend durch einen Rhododendronwald. Die Bäume sind dicht mit Moos und Lianen bewachsen

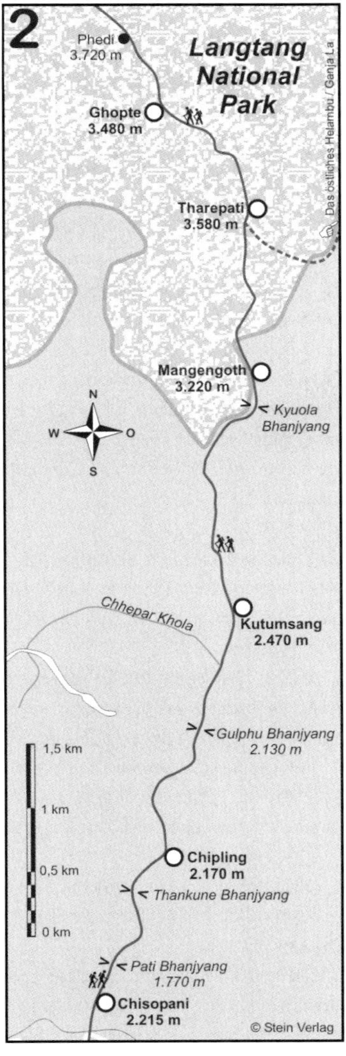

und zeugen von hohen Niederschlägen während des Monsuns und den häufigen feuchten Nebeln am frühen Abend. Insbesondere dann herrscht hier eine dämmrige und düstere Atmosphäre.

Nach 4 Std. 45 Min. kündigt die Tiger Top Lodge den Weiler Thodong an, dessen wenige Häuser sich um einen Stupa gruppieren. Kurz vor Gulphu Bhanjyang (2.130 m) begegnet Ihnen ein weiteres solches Bauwerk. In alle Himmelsrichtungen blicken die alles sehenden Augen Buddhas. Das Symbol zwischen den Augen steht für die "Eins", das heißt, die "Eine" Lehre des Religionsstifters.

Am Ortseingang von Gulphu Bhanjyang fällt die Schule auf, die im Jahr 2000 mit Spendengeldern aus den USA erbaut wurde. Ein winziges Gebäude auf der rechten Seite dient als hinduistischer Ganesh-Schrein. Der Name einer Unterkunft ("Gurung") weist darauf hin, dass hier neben den Tamang auch Angehörige des Volkes der Gurung leben, die den Ort wohl gegründet haben. Die Gurung siedeln sonst meist westlich des Kathmandu-Tals zwischen Gorkha und Pokhara und sind vor allem durch die berühmten Gurkha-Regimenter in britischen Diensten bekannt geworden.

Einfache Lodges im Zentrum sind die Gosainkund und die Himalaya Lodge gleich hinter einem weiteren Stupa. Der Weg Richtung Kutumsang führt direkt durch das Dorf. In die Treppe vor den letzten Gebäuden wurden auch Mühlsteine eingelassen.

Gleich hinter dem Ort gabelt sich der Wanderweg, die Route verläuft nach rechts steil bergauf. Dieser letzte steile und lange Anstieg vor Kutumsang führt noch einmal 400 m höher, bevor der Weg zum Ort hin abfällt.

Auf der Strecke werden nach 5 Std. 45 Min. die Kutumsang Lodge und eine halbe Stunde später die Dragon Lodge passiert, in denen man gut übernachten kann, wenn man nicht mehr bis Kutumsang laufen möchte.

Nach 6 Std. 45 Min. wird endlich Kutumsang (2.470 m) erreicht, wo es einige schöne Übernachtungsmöglichkeiten, wie die Mountain View Lodge gleich am Ortseingang, gibt.

Zu empfehlen ist die familiäre und traditionell geführte Amayangry Lodge gleich beim ersten Stupa im Ort. Die Lodge wird von einer Sherpa-Familie geführt. Vom Garten bietet sich ein schöner Blick auf den Dorje Lakpa im Nordosten.

Im Ort selbst signalisieren Parolen an den Hauswänden die zumindest vorübergehende Maoistenpräsenz in der Region. Auf deren Druck hin wurde auch der Nationalpark-Checkpoint in Kutumsang geschlossen.

## Etappe 3: Kutumsang (2.470 m) - Mangengoth (3.220 m) - Tharepati (3.580 m)

4 Std. 45 Min.

Der Weg folgt weiter dem langen Kamm nach Norden, der auch die Wasserscheide zwischen dem Indrawati im Osten und dem Trisuli im Westen bildet. Es bleibt recht anstrengend, sind doch bis Mangengoth 750 Höhenmeter zu bewältigen.

Folgen Sie dem Weg durch Kutumsang. Bald nachdem die letzten Häuser zurückgeblieben sind, gelangen Sie zu einer Gabelung. Der linke Abzweig führt nach kurzer Strecke zu einem schönen Stupa. Die Trekkingroute folgt jedoch dem rechten Weg, von dem der Stupa auch bald eingesehen werden kann. Im Hintergrund ist tief unten das Tal des Chhepa-Flusses zu sehen.

Bald wird eine Ruine erreicht. Links an ihr vorbei zieht sich der Pfad bergauf. Es folgt ein langer und anstrengender Anstieg durch tropisch anmutenden Wald mit dicken Moosschichten auf den Bäumen. Erst nach 1 Std. 14 Min. passiert man die zu Recht so genannte Evergreen View Lodge.

Die Wanderstrecke steigt auch danach weiter an und führt in einen Rhododendron-Wald, in den sich bald auch einige Tannen mischen. Zum Glück wird die Steigung allmählich moderater und ein angenehm zu laufender Weg bringt Sie nach 2 Std. 15 Min. zur Ruine einer Lodge.

Von hier aus geht es zwar wieder bergauf, aber nach nur kurzem Anstieg ist nach 2 Std. 30 Min der Kyuola Bhanjyang-Pass erklommen. Hier bietet die Green View Lodge eine willkommene Gelegenheit zur Rast.

Mangengoth (3.220 m) ist vom Pass aus nicht zu sehen. Trotzdem sind die fünf Lodges im schönen Talgrund nicht weit. Links hinter dem Ort sind die Reste eines Armeecamps zu entdecken, das von Maoisten angegriffen und zerstört wurde.

Der weitere Weg führt jedoch nicht hinab zum Militärcamp, sondern als moderater Anstieg hinter Mangengoth halbrechts weiter aufwärts. Er leitet zu einigen Almhütten auf einem kleinen Sattel mit schönem Blick (). Solche Almhütten mit oder ohne Dach sind in den höheren Lagen von Helambu, Gosainkund und Langtang häufig zu finden. Sie dienen als Schutzhütten für Hirten auf den Sommerweiden. Manchmal besteht das Dach nur aus Bambusmatten, die nach dem Sommer einfach zusammengerollt und mitgenommen werden. Ein solcher Unterschlupf wird als Kharka oder Goth bezeichnet und kann während des Trekkings auch als Notbiwak dienen.

Weiter oben treffen Sie auf weitere Kharkas, von denen aus ein schöner Panoramaweg erneut zu solchen Almhütten führt, in deren Außenwände zum Teil auch Manisteine eingelassen wurden (3 Std. 45 Min.). Manisteine sind überall im buddhistischen Himalaya anzutreffen. In die geglättete Oberfläche des Steines sind religiöse Mantras und Motive eingearbeitet worden. In Richtung Norden wird dieses Areal durch einen kleinen Stupa aus Natursteinen begrenzt.

Die Trekkingroute folgt weiter dem gut sichtbaren Pfad auf dem in nördliche Richtung führenden Bergrücken. Tharepati (3.580 m) wird schließlich nach 4 Std. 45 Min erreicht.

Hier finden Sie einige Lodges vor, die alle ähnlichen Standard bieten. Empfohlen werden kann die Tashi Delek Lodge.

Von Tharepati aus bietet sich ein beeindruckender Blick über die Bergwelt des Himalaya. Meist hüllt sich das Panorama nachmittags aber in Wolken, so dass es erst am nächsten Morgen genossen werden kann. Auch der Laurebina La-Pass ist von hier aus in nordwestlicher Richtung zu sehen.

Die Trekkingroute verläuft von Tharepati aus weiter über den Laurebina La nach Gosainkund. Ist aus Zeit- oder Witterungsgründen eine Überschreitung des Passes nicht möglich oder nicht geplant, so besteht auch die Möglichkeit, ins östliche Helambu hinüber- und zum Busanschluss nach Kathmandu zurückzuwandern. Diese Variante nimmt vier Tage in Anspruch (☞ Trekkingrouten in Helambu, Gosainkund und Langtang, Das östliche Helambu).

# Von Helambu ins Gosainkund-Gebiet

## Etappe 4: Tharepati (3.580) - Ghopte (3.480 m) - Phedi (3.720 m) 4 Std.

Vor dem Start sollten Sie die Aussicht von dem mit Gebetsfahnen markierten Hügel hinter der Yak und Yeti Lodge genießen (🅸). Das Panorama reicht vom Kangchenpo im Westen bis zum Rolwaling- und Solu-Gebiet im Osten.

☞ Erkundigen Sie sich bei den Lodgebesitzern in Tharepati und später in Phedi, **ob die Wetterverhältnisse eine Überquerung des Laurebina La zulassen**. Sonst gilt es zu warten, bis Besserung eintritt. Anderenfalls kann noch die Route über Osthelambu gewählt werden.

☞ Eine Querung zwischen Mitte Dezember und Ende Februar (oder auch länger) ist ein alpines Unternehmen! **Die Lodges diesseits und jenseits des Laurebina La sind in dieser Zeit (meist) geschlossen!** (☞ Reise-Infos von A bis Z, Klima und Reisezeit)

Ghopte, das nächste Ziel, ist bereits auf einem Rücken des gewaltigen Talkopfes auszumachen. Hoch über dem Talkessel thront der Laurebina La.

Der Pfad nach Ghopte startet bei der Tashi Delek Lodge und führt, zunächst über eine kurze Treppe, bergab. Der Weg verläuft ein Stück weit, am Schluss sogar recht steil, abwärts, bis zwei Bäche gequert werden.

Im ersten Abschnitt sind auch einige alte Erdrutsche und Steinstürze zu überwinden, so dass Sie manchmal von Stein zu Stein springen müssen. Dies erfordert zwar Konzentration, ist aber auch eine Abwechslung nach dem Treppauf und Treppab der Vortage. Vorsicht ist allerdings bei Nässe geboten.

Unterwegs wandert man oft durch dichtes Grün, so dass von der Größe des Tales kaum etwas zu spüren ist. Der steile Hang des Talkopfes wird nun in ständigem Auf und Ab traversiert - eine Konstante der heutigen Wanderstrecke, die für viele Höhenmeter sorgt.

Nach dem ersten Anstieg (45 Min.) kann man einen weiten Blick ins Tal genießen und Ghopte voraus erspähen. Immer wieder kreuzt der Weg kleine Wasserläufe, windet sich an talwärts verlaufenden Rücken empor, um danach wieder abzufallen. Unterwegs bietet ein mit schwarzen Flechten bedeckter Felsüberhang manchmal Trägern eine Raststätte. Im dichten Rhododendron-Wald fällt Bambus als Unterholz auf.

Kurz vor Ghoptes Mendo Lodge (1 Std. 30 Min.) steigt der Pfad noch einmal steil an und erklimmt den Rücken, der schon von Tharepati aus zu sehen war. Direkt hinter der Lodge geht es zunächst einige Meter bergauf.

Im weiteren Verlauf wechseln auf der Route mit schönen Ausblicken ins Tal steile An- und Abstiege einander ab. Schließlich passiert der Weg den Kharka Yholmo Norchho (2 Std. 30 Min.), der als Teehaus mit dem Versprechen der "best scenary of surrounding area" wirbt. Nicht zu Unrecht, denn schließlich hat man von hier aus nicht nur eine schöne Aussicht übers Tal, auch die gesamte Aufstiegsroute zum Pass ist (einschließlich der Lodges von Phedi und Ayethang) einsehbar. Häufig zelten hier auch Gruppen.

Nach 3 Std. wird eine weitere Almhütte passiert. Bis zu den beiden Lodges von Phedi (3.720 m) benötigt man eine Stunde mehr. Da die untere Übernachtungsmöglichkeit recht einfach ist, lohnt sich der zehnminütige Aufstieg zur oberhalb gelegenen Dawa Bebi Lodge. Hier übernachtet man etwa 900 m unterhalb des Passes - so bedeutet "Phedi" auch "Passfuß".

1992 stürzte in den Steilhängen unterhalb von Phedi ein thailändischer Airbus ab. Die Flugzeugtrümmer sind dort noch heute zu sehen. Einige der Teile dienen übrigens zum Beschweren des Lodge-Daches.

## Etappe 5: Phedi (3.720 m) - Laurebina La-Pass (4.610 m) - Gosainkund (4.380 m)

3 Std. 45 Min.

✋ Die Tour über den Laurebina La erfordert **gute Sicht**, so dass man entsprechende Bedingungen abwarten sollte. Unbedingt zu beachten sind die **Hinweise zu den Öffnungszeiten der Lodges** unter ☞ Reiseinfos von A bis Z, Klima und Reisezeit.

✋ Insbesondere in den Wintermonaten, aber temporär auch sonst, kann der Auf- und Abstieg **vereist oder verschneit** sein. Dann ist entsprechende Ausrüstung erforderlich.

Bei guten äußeren Bedingungen stellt die Überquerung des Laurebina La aber keine größere technische Schwierigkeit dar. Starten Sie früh, da dann die Sichtbedingungen unterwegs und auf dem Pass meist am besten sind.

Der Weg beginnt östlich der Lodge und steigt moderat an. Nach 30 Min. werden Windschutzmauern passiert, in deren Nähe auch gute Zeltmöglichkeiten bestehen. Weiter oben ist auf einem Rücken die Lodge von Ayethang zu erkennen. Ein Hügel rechts des Gebäudes ist mit Gebetsfahnen markiert.

Nach wie vor verläuft der Pfad in grob nordwestliche Richtung. Vorbei an weiteren Kharkas gelangen Sie nach 1 Std. 15 Min. zu der Hütte, die allerdings nicht immer geöffnet ist. Von Osten kommend trifft an dieser Stelle ein Höhenweg auf Ihren Pfad, der über sehr ausgesetzte und gefährliche Passagen zurück nach Tharepati führt.

*Auf dem Laurebina La*

Mit dem Erreichen der Lodge ist fast schon die erste Hälfte des Anstieges zum Pass bewältigt, deshalb sollte hier, auf etwa 4.050 m Höhe, eine kurze Pause eingelegt werden. Links des Gebäudes geht es danach weiter bergan. Hoch oben ist der Pass gut zu erkennen.

Nach 1 Std. 45 Min. folgt der Weg ein kurzes Stück einem kleinen Bachlauf und wenig später beginnt der steile und anstrengende Anstieg zur Passhöhe. Diese Passage kann vor allem im Winter verschneit oder vereist sein.

Erneut führt die Route an einigen Kharkas vorbei, bevor der mit Steinmännchen und Gebetsfahnen markierte Laurebina La (4.610 m) nach 2 Std. 45 Min. endlich erreicht ist.

Von hier oben bietet sich Ihnen ein phantastischer Blick (). Im Nordwesten dominieren Ganesh und Manaslu Himal. Bei guter Sicht können Sie noch viel weiter nach Westen in Richtung Annapurna Himal schauen.

Nördlich des Passes befindet sich der 5.144 m hohe Surya Peak. Links unterhalb blicken Sie auf den Surya Kund, den ersten einer ganzen Reihe von heiligen Seen im Gebiet Gosainkund. Sie alle tragen die Namen hinduistischer Götter und gehören zu den wichtigen Pilgerzielen in Nepal.

*Blick vom Laurebina La-Pass über den Surya Kund-See*

Vom Pass verläuft der Weg weiter nach Nordwesten oberhalb des Surya Kund. War die Aufstiegsroute schon verschneit, so ist beim Abstieg mit erheblich mehr Schnee zu rechnen.

Rechts des Weges taucht nach wenigen Minuten ein weiterer See auf, an dem es links oberhalb vorbei geht. Voraus erblicken Sie bald erneut einen See, auf den der Pfad zustrebt. Auch hier hält sich die Strecke links oberhalb des Ufers, bevor die Route zum Seeabfluss hinführt.

Von hier bietet sich eine wunderschöne Aussicht () auf den heiligsten der Seen hier, den Gosainkund, und die gleichnamige Lodgesiedlung an seinem Ufer.

Der Weg senkt sich, zum Teil recht steil, ins Tal hinab und verläuft dann am nördlichen Ufer zu den Lodges (4.380 m), die nach 3 Std. 45 Min. erreicht sind. Die drei großen Lodges sind alle verhältnismäßig komfortabel, empfehlenswert ist die Namaste Lodge, auf die man zuerst trifft.

Am Nordwestufer des Sees fallen eine große Zahl von Gebetsfahnen auf, die sich um einen Felsen gruppieren. Unter diesem befindet sich ein einfacher Schrein für den Hindugott Shiva, der hier durch ein Phallus-Symbol (Shiva-Linga) symbolisiert wird.

Einst sollen die Götter den Ur-Ozean auf der Suche nach dem Nektar der Unsterblichkeit aufgewühlt haben. Dabei kam unerwartet ein Gift zum Vorschein, das die Existenz der Welt bedrohte. Dieser Gefahr begegnete Shiva, indem er all das Gift trank. Begreiflicherweise ging es ihm schlecht und er wollte seinen brennenden Durst mit Wasser stillen. So rammte er seinen Dreizack (trishuli) in den Himalaya und es entsprangen drei Quellen, die die Seen von Gosainkund entstehen ließen. Shivas Kopf wird durch den einzelnen Felsen im Gosainkund-See symbolisiert.

Jedes Jahr im August kommen Tausende Pilger hierher, um Shivas Rettungstat zu gedenken und ein rituelles Bad im See zu nehmen. Aus diesem Grund befinden sich am Nordufer auch die vielen einfachen Pilgerunterkünfte und ein Tempel.

Der See kann auf einem schönen Weg umrundet werden. Ein weiterer lohnender Abstecher führt etwa 250 Höhenmeter höher auf den Nordhang über den Lodges. Von hier aus haben Sie einen schönen Blick ins Langtang-Tal mit dem Langtang Lirung-Massiv, zum Ganesh und Manaslu Himal sowie zurück zum Laurebina La ().

## Etappe 6: Gosainkund (4.380 m) - Laurebina Yak (3.920 m) - Sing Gompa (3.350 m)

2 Std. 45 Min.

Der Abstieg von den heiligen Seen nach Sing Gompa bietet Ihnen ein Panorama (), das von der Annapurna im Westen bis nach Tibet hineinreicht.

Vorbei an der Peaceful Lake Lodge führt der Pfad zunächst über dem östlich des Gosainkund gelegenen Bhairab Kund-See zu einem kleinen Pass. Danach verbleibt der Weg südlich des Grates des Chalang Pati Danda ("Danda" bedeutet "Bergrücken") hoch über dem manchmal extrem steil abfallenden Talgrund des Trisuli (benannt nach Shivas Dreizack). Unten taucht bald mit dem Saraswati Kund ein weiterer See auf. Der Trisuli mündet bei Dhunche in den aus Tibet kommenden Bhote Kosi.

Nach 45 Min. verläuft die Route auf dem Gipfelgrat, wo einige Kharkas auffallen. Etwas weiter treffen Sie auf einen Tempel, der eine Statue Shivas beherbergt. Von hier aus sind bereits die Lodges von Laurebina Yak (3.920 m) zu erkennen. Weit voraus, an den Hängen des Ganesh Himal, sieht man auch die Kehren der Straße nach Somdang.

Über den Pfad auf dem Rücken erreichen Sie nach 1 Std. 15 Min. die ABC und die Maya Lodge. Eine gute Wahl ist auch die Mount Rest Lodge mit kleiner Bäckerei. Die kleine Lodge-Siedlung ist für das Panorama berühmt, das sie Besuchern bietet ().

Beim weiteren Abstieg durch das Gelände der Mount Rest Lodge ist am Talausgang des Trisuli-Tals bereits die kleine Stadt Dhunche auszumachen. Die spärliche alpine Vegetation wird mehr und mehr durch Wacholder, Rhododendron und Tannen ersetzt.

Auf dem Bergrücken, der Gosainkund und Langtang trennt, geht es hinab nach Chalang Pati (1 Std. 45 Min.). Die wenigen Lodges liegen auf einem Sattel. Hier beginnt hinter der Lirung View Lodge ein steiler und manchmal schwer zu findender Pfad, der durch den Wald bis nach Thulo Syabru führt.

Ihre Trekkingroute folgt jedoch dem Hauptweg geradeaus. Unmittelbar hinter der Siedlung taucht der Weg in einen uralten Tannenwald ein. Die riesigen Bäume tragen ein dickes Moospolster. Nach 10 Min. wird eine Quelle passiert. Bald wechselt der Pfad wieder auf die linke Gratseite mit dem Blick ins tiefe Trisuli-Tal. Während die Hänge der gegenüberliegenden Talseite dicht bewaldet sind, weist die trockene Sonnenseite eine lediglich spärliche Vegetation auf.

Nach 2 Std. 30 Min. biegt der Weg nach Westen ein und voraus fällt Ihr Blick auf das Kloster Sing Gompa ("Gompa" bedeutet "Kloster") und die umgebenden Gebäude, darunter die gelben Häuser der kleinen Käsefabrik. Hier kann schmackhafter Yakkäse erstanden werden.

Der alte Waldbestand um das Kloster ist vor Jahren leider einem Brand zum Opfer gefallen. Das Kloster ist meist offen und unbedingt eine Besichtigung wert. Neben den Wandmalereien beeindruckt die fünfköpfige und tausendarmige Statue des Bodhisattva Avalokiteshvara auf dem Altar. Unabdingbar für buddhistische Zeremonien sind die kleinen Butterlampen und Wasserschalen sowie die Instrumente, die im Innenraum zu sehen sind.

*Das Kloster von Sing Gompa*

Die Lodges (z.B. Red Panda und Green Hill) haben einen hohen Standard und laden zum Verweilen ein. Immerhin haben Sie einen Abstieg von mehr als 1.000 m hinter sich. Wer trotzdem noch weiterlaufen möchte kann auch die nächste, ebenfalls recht kurze, Tagesetappe in Angriff nehmen. Allerdings sind dann bis Dursagang noch 650 und bis Thulo Syabru sogar noch 1.100 Höhenmeter abzusteigen.

## Etappe 7: Sing Gompa (3.350 m) - Dursagang (2.680 m) - Thulo Syabru (2.200 m)

2 Std. 45 Min.

☺ Von Sing Gompa aus besteht für Eilige auch die Möglichkeit, direkt ins Trisuli-Tal nach Dhunche (2.030 m) oder Thulo Bharkhu (1.860 m) und damit zur Busverbindung nach Kathmandu abzusteigen. Dazu ist dem Hauptweg durch Sing Gompa talwärts zu folgen, bis eine Gabelung erreicht wird. Der linke Abzweig führt nach Dhunche, der rechte nach Thulo Bharkhu. Beide Abstiegsrouten sind allerdings fast über die gesamte Strecke von 1.300 beziehungsweise 1.500 Höhenmetern extrem steil. Nach jeweils etwa 3 Std. ist einer der beiden Orte an

*In Sing Gompa*

der Busstrecke Syabru Bensi - Kathmandu erreicht (☞ Trekkingrouten in Helambu, Gosainkund und Langtang, Syabru Bensi).

Der **reizvollere und empfehlenswertere Abstieg über Thulo Syabru** folgt jedoch weiter der beschriebenen Trekkingroute!

Die Wanderstrecke über Thulo Syabru ins Langtang-Tal biegt in der Nähe des Ortsausganges von Sing Gompa vom Hauptweg ab. Gehen Sie dort nach rechts die Treppen zum Eingang der Sherpa Lodge hinauf. Gleich neben der Lodge beginnt der Pfad nach Thulo Syabru.

Bereits nach wenigen Metern stehen Sie vor einer Gabelung, wo Sie den linken Weg zu einer Mauer hin nehmen sollten. Diese überqueren Sie mittels einer Leiter, umgehen in dem Gelände einen Stupa und laufen an dem Gebäude vorbei zu der Leiter, die wieder über die Mauer führt.

Auf der anderen Seite folgen Sie dem Pfad halbrechts von der Mauer weg nach unten in den Wald. Nur wenig abfallend geht es nun in nordnordöstlicher Richtung durch einen fast gespenstigen Tannenwald.

Nach 30 Min. gabelt sich der Weg erneut auf einer freien Fläche bei der Querung eines kleinen Nebenkammes. Folgen Sie hier dem Hauptweg nach rechts in nordöstlicher Richtung. Nach Westen hin kann man immer wieder tief ins Bhote Kosi-Tal und auf die Berge des Ganesh Himal schauen.

Nach 45 Min. sind zwei sehr einfache Lodges (Sunset View und Hill Top) in aussichtsreicher Lage erreicht. Ein Wegweiser nach Syabru macht hier auf die weitere Route, beginnend an einer Treppe, aufmerksam.

Ab hier verläuft der Abstieg steil auf schottrigem Weg. Der Wald, meist Eichen, gibt immer wieder Panoramen frei. Zwei schöne, moosüberwachsene Stupas aus Manisteinen im Schatten riesiger Bäume werden nach 1 Std. 15 Min. passiert. Oberhalb der Terrassenfelder von Dursagang stehen Sie nach 1 Std. 45 Min.

Einladend ist hier die einfache, aber mit dem Blick über das untere Langtang-Tal und das Tal des Bhote Kosi sehr schön gelegene Mountain View Lodge. Beeindruckend ist auch der Blick zurück auf die hoch oben gelegene Abstiegsroute vom Vortag, wo sogar der Shiva-Tempel oberhalb von Laurebina Yak als winziger Punkt zu erkennen ist.

Der Abstieg folgt weiter durch die Terrassenlandschaft von Dursagang, vorbei am Lovely Mountain View-Teehaus. Nach 2 Std. überqueren Sie eine kleine Mauer. Kurz darauf treffen Sie auf einen Stupa, der Pfad kann hier recht rutschig werden.

In der Nähe eines Schreins mit farbigen Mani-Steinen können Sie einen Blick auf das schöne Straßendorf Thulo Syabru (2.200 m) unter Ihnen werfen. Bleiben Sie immer auf dem Hauptweg bis zum Ortseingang (2 Std. 45 Min.), wo Sie auf eine mit wasser betriebene Gebetsmühle treffen. Das Kloster, nur wenig weiter links gelegen, ist leider oft verschlossen.

Die meisten Lodges befinden sich im oberen Ortsteil, und Sie haben hier eine wirklich reichliche Auswahl. Auf den unteren Dorfbereich konzentrieren sich sehr schöne traditionelle Häuser aus Stein und Holz, deren Fenster und Türen reiche Verzierungen aufweisen. Auf den Terrassenfeldern des Ortes, die teilweise bis auf eine Höhe von 2.700 m hinaufreichen, werden vor allem Weizen, Hirse, Mais und Kartoffeln angebaut.

Von hier aus können Sie:

- ♦ Ihre Trekkingtour beenden und nach Syabru Bensi zum Busanschluss nach Kathmandu wandern: ☞ Trekkingrouten in Helambu, Gosainkund und Langtang, Von Thulo Syabru nach Syabru Bensi & Syabru Bensi, oder
- ♦ ihre Trekkingtour in Richtung des wunderschönen Langtang-Tals fortsetzen ☞ Trekkingrouten in Helambu, Gosainkund und Langtang, Etappe 8: Thulo Syabru - Langmoche - Rimche.

## Von Thulo Syabru (2.200 m) nach Syabru Bensi (1.460 m) 1 Std. 30 Min.

Zwischen den alten Häusern im unteren Ortsteil beginnt ein unscheinbarer Pfad nach links, der sich nach kurzer Strecke bei einer Quelle entlang einer Steinmauer nach rechts abwärts wendet.

Weit unten im Tal ist das durch den Bhote Kosi-Fluss geteilte Syabru Bensi bereits zu sehen, darüber die Kehren der abenteuerlichen Straße nach Somdang. Nach Nordosten begeistert der Blick ins Langtang-Tal.

Der Pfad führt vorbei an einigen Stupas und Manimauern und biegt bei einem Betonmast in den Kiefernwald ein. Ab hier ist er deutlich zu erkennen. Der Weg führt durch den Wald abwärts, über eine Brücke und bleibt immer mehr oder weniger in der Nähe der Stromleitung. Hinter einem Schrein mit der farbigen Abbildung des Padmasambhava fällt die Route steil ab. Je tiefer der Weg führt, um so tropischer werden Vegetation und Geräuschkulisse.

Nach einer Stunde treffen Sie wieder auf eine Gebetsmühle. Kurz vor Erreichen des Ortes stößt man auf einen parallel zum Fluss verlaufenden Weg, dem Sie flussabwärts zur Hängebrücke folgen (1 Std. 30 Min.). Auf der anderen Seite des Langtang-Flusses beginnt Syabru Bensi.

## Syabru Bensi (1.460 m)

Der Ort liegt am Zusammenfluss von Langtang- und Bhote Kosi-Fluss. Letzterer teilt Syabru Bensi deutlich in einen alten, traditionellen Bereich im Osten und einen neuen, touristisch gut erschlossenen Ortsteil im Westen. Durch den neuen Teil führt die Straße, auf der auch der Bus von und nach Kathmandu ankommt und startet.

Der alte Ortsteil von Syabru Bensi

Der alte Ortsteil besteht aus schönen Holzhäusern, deren Fenster oft reich verziert sind. Der frühere Reichtum kam nicht von ungefähr, war die Siedlung doch ein wichtiger Handelsposten auf der Route nach Tibet.

Ein kleines Schild weist den Weg zum Gompa (Kloster) des Ortes, das wirklich sehenswert ist. Die Verehrung gilt einmal mehr Padmasambhava (auch Guru Rinpoche genannt), dem "Nationalheiligen" der Sherpa. Der buddhistische Heilige kam im 8. Jahrhundert aus Indien und missionierte in Tibet.

Neben dem Altar befindet sich ein Regal mit in Tüchern eingeschlagenen Schriften. Der Gebetsraum ist mit alten Wandmalereien, die Szenen der buddhistischen Mythologie zeigen, ausgestattet. Die Tür links des Haupteinganges führt zu einer großen Gebetsmühle (Mani Dongyur), wie sie in vielen Klöstern zu finden ist.

Hinter einem Tor, das den Hauptweg überspannt, führt der Weg zur Hängebrücke über den Bhote Kosi. Flussaufwärts verläuft der Pfad zur tibetischen Grenze, einst ein recht bedeutender Handelsweg zwischen Nepal und Tibet. H. Tilman erfuhr hier 1949 noch von einem Handelsvolumen von 5.000 Tragelasten pro Jahr.

Auf der anderen Flussseite treffen Sie zunächst auf einen Armeeposten und ein Gesundheitszentrum, das sich um die Durchsetzung besserer hygienischer Standards bei der Bevölkerung bemüht.

Flussabwärts führt der Weg zur Straße. Zuvor können Sie sich jedoch noch die heißen Quellen am Ufer anschauen. Gegenüber der Yala Peak Lodge verläuft ein kleiner Pfad, scheinbar über Privatgelände, in wenigen Minuten zum Fluss. Hier münden heiße, schwefelhaltige Quellen in Betonbecken, die leider alles andere als einladend aussehen.

Zurück auf dem Hauptweg führt weiter flussabwärts eine Treppe hinauf zur Straße, wo sich auch die größeren Lodges befinden (z.B. Hotel Lhasa, Hotel Tibet, Buddha Guesthouse).

Zwischen dem Hotel Lhasa und dem Sherpa Hotel steht mit einer winzigen Holzbaracke das wohl wichtigste Gebäude des neuen Ortsteils, den es ohne dieses Häuschen gar nicht gäbe. Hier werden die Fahrkarten für die Busse nach Kathmandu verkauft. Erst seit die Busse über Dhunche hinaus auch Syabru Bensi anfahren, konnte sich eine touristische Infrastruktur entwickeln.

Die beiden Busse nach Kathmandu starten um 6:30 und 7:00. Es ist ratsam, die Fahrkarten bereits am Tag vorher zu kaufen. Der Karten sind für unglaubliche € 2 zu haben. Allerdings beträgt auch die Fahrzeit für die 135 km mindestens genauso unglaubliche 10 bis 13 Std.

Das Gepäck sollte aus Sicherheitsgründen mit im Bus verstaut werden (☞ Trekkingrouten in Helambu, Gosainkund und Langtang, Anreise zum Trekkingstart in Syabru Bensi).

### Anreise zum Trekkingstart in Syabru Bensi (etwa 135 km)

Die Busse nach Syabru Bensi starten am Gongabu Bus Park (Long Distance) an der nördlichen Ring Road in Kathmandu. Für ein Taxi von Thamel zum Busbahnhof sind etwa € 0,70 zu zahlen.

Fahrkarten nach Syabru Bensi gibt es am Schalter 28 gleich rechts vor dem Haupteingang zur Schalterhalle. Er ist mit den Zielen Trisuli, Dhunche und Syabru Bensi ausgewiesen. Die Fahrkarten sollten mindestens einen Tag im Voraus reserviert oder gekauft werden.

Busse nach Syabru Bensi starten um 6:30 und 7:30 für den geringen Betrag von € 2. Ein weiterer Bus fährt um 8:30 allerdings nur bis Dhunche (€ 1,50).

Leider haben sich Diebstähle auf der Strecke in den letzten Jahren gehäuft, so dass Sie Ihr Gepäck möglichst, eventuell auch gegen Aufpreis, mit in den Bus nehmen sollten.

Die Fahrt nach Syabru Bensi (etwa 135 km) dauert unglaubliche 10 bis 13 Std. und ist wegen des oft katastrophalen Straßenzustandes ziemlich strapaziös. Außerdem werden während der Fahrt immer mehr Passagiere in den Bus gestopft, so dass der eigene Sitzplatz meist nur mit Mühe verteidigt werden kann.

Die Strecke führt über Kakani, das für sein Himalaya-Panorama berühmt ist, und Ranipauwa ins etwa 70 km von Kathmandu entfernte Trisuli Bazaar am gleichnamigen Fluss (4 bis 5 Std.). 50 km weiter und etwa 4 Std. später erreichen Sie über Betrawati die kleine Stadt Dhunche. Zeitraubend sind insbesondere die ständigen Sicherheitsüberprüfungen durch Armeeposten und die schwindelerregende Straßenführung.

Wer noch keinen Eintritt für den Langtang-Nationalpark (Rs 1.000/€ 11) in Kathmandu bezahlt hat, muss dies in Dhunche tun. Der Bus legt dafür einen Stopp ein.

Hinter der Stadt geht es in engen Serpentinen zum Trisuli-Fluss hinab, nur um am Gegenhang genauso spektakulär und langsam wieder an Höhe zu gewinnen. Für die 15 km von Dhunche nach Syabru Bensi benötigt der Bus noch einmal 1 bis 1 ½ Std.

## Der Trekkingstart in Syabru Bensi (1.460 m)

Beschrieben wird hier das erste kurze Wegstück, bis Sie an einem alten Erdrutsch auf die Wegführung der ☞ Wanderetappe 8 Thulo Syabru - Rimche treffen.

☺ Sie sollten etwa 1 Liter Wasser mitnehmen. Allerdings passiert der Weg bereits nach 1 Std. ein Teehaus, wo "nachgetankt" werden kann.

Gehen Sie die Straße vom Hotel Lhasa an aufwärts. Gegenüber dem Hotel Village View weist ein Schild mit mehreren Richtungsangaben auch auf den hier treppab führenden Wanderweg ins Langtang-Tal hin.

Folgen Sie hier den Stufen hinunter zum Fluss und dann dem Weg flussaufwärts vorbei an Lodges, Verwaltungsgebäuden und einem Armeeposten zur Hängebrücke über den Bhote Kosi. Auf der anderen Seite geht es zunächst einige Meter nach rechts, ehe Sie gleich hinter einem Felsen in einen nach links aufwärts führenden Treppenweg einbiegen.

So erreichen Sie das Eingangstor des alten Ortsteils von Syabru Bensi. Der Hauptweg durch das schöne Dorf führt zur Brücke über den Langtang-Fluss, der hier überquert wird. Hinter der Brücke gehen Sie nach links flussaufwärts.

Nach 15 Min. auf dem leicht ansteigenden Weg treffen Sie auf eine Gabelung, wo Sie dem Pfad halblinks ins Tal folgen. Im weiteren Verlauf windet sich die Strecke häufig am Talhang empor, um dann wieder zum Langtang-Fluss zurückzukehren. Die Route verläuft durch tropisches Grün immer wieder an kleinen Wasserfällen vorbei.

Nach 1 Std. wird eine neue Hängebrücke über den Chopche Khola erreicht. Er stürzt ebenfalls als Wasserfall zu Tal, ein perfektes Szenario für eine Pause im Teehaus gegenüber. Hinter dem Gebäude setzt sich der Weg steil hangaufwärts fort.

Zu einem gewaltigen Erdrutsch aus den 80er Jahren, durch den der Weiterweg immer wieder neu befestigt werden muss, gelangt man nach 1 Std. 15 Min.

Direkt vor dem Erdrutsch trifft von rechts ein Pfad auf Ihre Route. Ab dieser Einmündung können Sie sich anhand der Wanderbeschreibung der 8. Etappe orientieren ☞ Trekkingrouten in Helambu, Gosainkund und Langtang, Etappe 8: Thulo Syabru (2.200 m) - Langmoche (1.950 m) - Rimche (2.340 m).

# Das Langtang-Tal

## Etappe 8: Thulo Syabru (2.200 m) - Langmoche (1.950 m) - Rimche (2.340 m)

4 Std. 15 Min.

In Thulo Syabru führt der Hauptweg zu den unteren, älteren Häusern, wo er unvermittelt zu den Terrassenfeldern hin steil abwärts führt. Der aufwändig terrassierte Hang wird gequert, wobei Sie immer wieder über die Höfe der Sherpa- und Tamang-Häuser laufen. Man muss etwas schauen, um den Hauptweg nicht aus den Augen zu verlieren.

Der Pfad senkt sich zur schon von Thulo Syabru aus sichtbaren Hängebrücke über den Chopche Khola hin. Nach 30 Min. ist diese erreicht und wird überquert. Von der Brücke aus haben Sie einen schönen Blick zurück nach Thulo Syabru (📷). Oberhalb der Hängebrücke sind die Reste der alten, vom Hochwasser zerstörten Brücke zu sehen.

Es folgt ein kurzer Anstieg hoch auf den Hang des Flusstales und nach wenigen Minuten gelangen Sie zu einer Gabelung, wo Sie dem Hauptweg links folgen. Man wandert an einem kleinen Teehaus vorbei, hinter dem der steile Abstieg zum Langtang Khola (Langtang-Fluss) beginnt.

Beiderseits des Weges wächst dichtes Bambusdickicht, wo mit etwas Glück Mungos entdeckt werden können. Aus Bambus werden unter anderem auch die Matten hergestellt, die als Dächer und Wände einfacher Hütten dienen. Spezialisten dieses Handwerks sind die Tamang, die die Pflanze mit dem Krummdolch (dem Khukri-Messer) bearbeiten.

Nach 1 Std. 15 Min. und mehreren hundert Metern Abstieg treffen Sie schließlich auf einen alten Erdrutsch aus den 80er Jahren. Hier stößt auch der direkte Weg von Syabru Bensi in das Langtang-Tal auf die Wanderstrecke.

Weiter geht es auf dem neu befestigten Weg über das Erdrutschgelände direkt hinunter zum Fluss. Unterhalb eines Wasserfalls tritt dieser bis an eine Felswand heran, deshalb verläuft die Wanderstrecke hier über zwei Brücken und eine Geröllbank wieder auf festem Boden zur Landslide Lodge (1 Std. 30 Min.).

Nun verengt sich das Tal zur Schlucht und der Langtang Khola stürzt in Kaskaden hinab. Durch dichtes Grün beginnt der Weg deshalb stark anzusteigen. Der sonnendurchflutete Hang auf der gegenüberliegenden Talseite ist, trotz der vielen Wasserfälle, viel trockener. Dort wachsen sogar Kakteen.

Nach 2 Std. 30 Min. gelangen Sie nach Langmoche, einer kleinen Anhäufung von Lodges, die auch unter dem Namen Bamboo Lodge bekannt ist. Die erste Lodge hier trug diesen Namen, mittlerweile sind jedoch einige weitere dazugekommen (Sherpa und Tibet Lodge).

*Im unteren Langtang-Tal*

Ein kurzes Wegstück hinter Langmoche muss ein ausgedehnter Erdrutsch aus dem Jahre 2004 gequert werden, der sogar den Fluss ein kleines Stück aufgestaut hat.

Im unteren Langtang-Tal können oft Languren (scheue, hellgraue Affen mit kohlschwarzen Gesichtern) beobachtet werden. Ihnen wird eine Abstammung vom beliebten hinduistischen Affengott Hanuman zugesprochen. Deshalb gelten sie zumindest den Hindus als schützenswert.

Nach 3 Std. überqueren Sie auf einer Hängebrücke den Langtang Khola und wandern am linken Ufer flussaufwärts weiter, während sich die Wassermassen durch gewaltige Felsbrocken quetschen. Das Schauspiel lässt sich gut von der Langtang Khola Bridge Lodge beobachten.

Der Weg bleibt steil und passiert das Teehaus Langtang View, bevor nach 4 Std. 15 Min. die drei Lodges (Ganesh View, Moonlight und Jungel View) in Sicht kommen. Der wesentlich bekanntere Ort Lama Hotel/Changtang ist zwar nur wenige Minuten entfernt, doch empfiehlt es sich wegen der ruhigeren Atmosphäre in Rimche zu übernachten. Von einer tibetischen Familie gut geführt wird die Moonlight Lodge.

## Etappe 9: Rimche (2.340 m) - Ghora Tabela (2.980 m) - Langtang (3.400 m) 4 Std.

Bereits 15 Min. nach dem Start in Rimche gelangen Sie zu einer größeren Lodgesiedlung, die unter dem Namen des ersten Gasthauses hier, Lama Hotel, bekannt ist. Eigentlich heißt der Ort Changtang.

An einer vom Wasser angetriebenen Gebetsmühle vorbei führt der Weg aufwärts im engen Tal, wo durch die Kronen der Bäume bald die ersten Eisflanken schimmern. Zur Riverside View Lodge in Gumnachok (2.750 m) gelangen Sie nach 1 Std. 15 Min. Von hier haben Sie einen beeindruckenden Blick auf einen Teil der höchsten Gipfel des oberen Langtang-Tals, zu denen mit dem Langtang Lirung (7.234 m) auch der einzige Siebentausender im Tal zählt.

Wenig später ist auch die Woodland Lodge, schön auf einer Waldlichtung gelegen, erreicht. Hier können Pferde gemietet werden.

Auf der weiteren Strecke durch den Wald lassen sich mit etwas Glück Sägearbeiten zur Herstellung von Brettern und Pfosten beobachten. Die Bäume werden auf ein Holzgestell gelegt und von zwei Arbeitern mit einem großen Sägeblatt zersägt. Erstaunlich ist die Genauigkeit des Schnittes über eine Länge von zwei bis drei Metern.

Nach 2 Std. 15 Min. gelangen Sie durch das schöne Waldgebiet zu den Gebäuden von Ghora Tabela (2.980 m), die am Fuß des Langtang Lirung liegen. Heute gibt es hier zwei Lodges, während noch vor Jahren ein Ansiedlungsprojekt für tibetische Flüchtlinge geplant war.

In diesem Talabschnitt weichen die Felswände der engen Schlucht zurück und geben den Blick auf eine phantastische alpine Landschaft frei. Felder sowie Weidegründe ersetzen den dichten Bergwald. Häufig werden hier Dzo-mo (eine Kreuzung zwischen Rind und Yak) und Rinder gehalten. *"It is a grazier's paradise."*, schrieb bereits Tilman 1952.

Hinter Ghora Tabela trifft man bald auf einen Armeeposten und einen Nationalpark-Checkpoint, wo die Tickets für den Nationalpark überprüft werden. Die Schattenseite des Tales am Hang gegenüber ist weiterhin dicht bewaldet. Insbe-

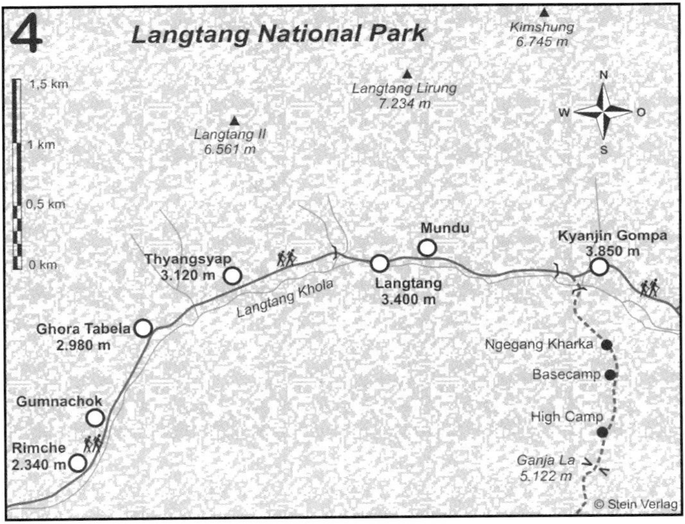


sondere Lärchen fallen auf. An beiden Talseiten rauschen häufig Wasserfälle herab.

Ein steiler Anstieg führt nach Thangsyap, wo ebenfalls Pferde gemietet werden können. Von hier aus sind nur noch 200 Höhenmeter bis zum Dorf Langtang zurückzulegen. Die vielen Kharkas in der Umgebung weisen auf eine intensive Nutzung des weiten Tals durch Hirten und Bauern hin.

Nach 3 Std. 15 Min. gelangen Sie zur Langtang View Lodge, wo die schöne Aussicht eine Rast lohnt. Dahinter wird bald eine Hängebrücke erreicht, die im Jahre 2004 noch im Bau war. In den vielen Teehäusern am Weiterweg haben Sie die Möglichkeit, leckeren Yakjoghurt auszuprobieren.

Vorbei an einem Stupa aus Manisteinen und dem Peaceful Restaurant wandern sie durch die Felder, auf denen insbesondere Kartoffeln, Gerste und Kohl angebaut werden.

Nach 3 Std. 45 Min. kündigt das Kloster von Langtang das nahe Dorf an. Ein Abstecher zum Kloster und den geduckten Häuschen ringsherum - der Pfad beginnt hinter dem Gompa Guesthouse - lohnt unbedingt. Leider ist das 700 Jahre alte Gebäude oft verschlossen.

*Das Kloster von Langtang*

Links des Hauptklosters mit dem Altar und einer reichen Schriftensammlung im Obergeschoss befindet sich in einem Nebengebäude ein weiterer Gebetsraum mit einer Statue des Padmasambhava. Dieser Nebenraum wird heute eher genutzt als der Hauptraum.

Die wertvolle Bibliothek des Klosters bemerkte schon H.W. Tilman 1949: *"... a library of over two hundred books, long, wood-bound volumes each kept in its own curtained pigeon hole"* (H. W. Tilman, Nepal Himalaya, 1952).

Zurück auf dem Wanderweg geht es noch einmal hinab zu einer Hängebrücke. Ist diese überquert und der Gegenanstieg geschafft, so stehen Sie schon fast vor den Häusern des Dorfes Langtang mit seinen vielen Lodges im unteren Ortsteil (4 Std.).

Am Weg durch das Dorf fallen mehrere Gebetsmühlen auf. Viele Steine und Wände dienen zum Trocknen von Yakmist, der als Heizmaterial Verwendung findet. Von Langtang aus haben Sie einen wunderbaren Blick auf das obere Tal. Von Norden schiebt sich die lange, mäßig ansteigende Flanke des Tsergo Ri (4.984 m) ins Blickfeld. Von besonderer Schönheit ist die Westseite des Kangchengpo (Fluted Peak, 6.387 m).

*Manimauern auf dem Weg nach Kyanjin Gompa*

Seit 1998 befindet sich im Ort in der Nähe des empfehlenswerten Eco Guesthouse die mit japanischer Hilfe gebaute Käsefabrik und Bäckerei. Der elektrische Backofen wird mit Hilfe eines kleinen Wasserkraftwerkes betrieben, das sich etwas oberhalb in der Nähe der steilen Felswand befindet (rotes Rohr). Es produziert 8 KW, wobei allein der Backofen 3 KW verbraucht. Nachts wird die überschüssige Energie in das örtliche Stromnetz eingespeist, so dass fast alle Häuser zumindest elektrisches Licht haben. Betrieben wird die Bäckerei/Käserei von einer Kooperative, die lokal produzierte Yakmilch aufkauft und verarbeitet.

## Etappe 10: Langtang (3.400 m) - Kyanjin Gompa (3.850 m) 2 Std. 15 Min.

Meist startet man im unteren Teil von Langtang Village, wo sich die größere Anzahl von Lodges befindet. Der Weg führt durch den oberhalb gelegenen älteren Teil des Ortes, wo neben traditionellen Steinhäusern auch einige einfachere Lodges angesiedelt sind. Da die meisten der alten Häuser über keinen Kamin verfügen, zieht der Rauch des Herdfeuers lediglich durch das mit Schindeln gedeckte Dach ab (was für einen Großteil der Atemwegserkrankungen der Landbevölkerung verantwortlich gemacht werden kann).

Folgen Sie an einer Manimauer vorbei dem Hauptweg, der bald hangaufwärts über den Ort führt. Von hier aus haben Sie einen schönen Blick über die Siedlung, das Langtang Lirung Massiv und vor allem in das obere Langtang-Tal ().

Der Weg führt an vielen Stupas und Manimauern vorbei. Entlang einer solchen endlos scheinenden Mauer verläuft der Pfad bis zu einem kurzen Abstieg in ein Bachbett. Der Gegenanstieg bringt Sie dann bereits nach 30 Min. zu den nächsten Teehäusern. Nördlich des Weges sollten Sie einen Blick auf das kleine und weitgehend unberührte Dörfchen Mundu werfen, zu dem auch das Mundu Guesthouse gehört, an dem Sie vorbeiwandern.

Im Folgenden können Sie den nur gering ansteigenden Weg durch die hochalpine Landschaft genießen. Das Panorama () voraus und zurück ist einzigartig, überall grasen Yaks zwischen Stupas und Gebetsfahnen. Nach einer Stunde ist die View Point Lodge erreicht, die ihren Namen zu Recht trägt.

Später fällt der Weg sogar leicht ab und nähert sich dem Flussufer an. Die Route passiert das Teehaus Sunshine, das sich auch als German Bakery anbietet, genauso wie die benachbarte Buddha Lodge (1 Std. 30 Min.).

Dahinter wird der Gletscherbach des Lirung-Gletschers auf einer Brücke überquert. Wendet man den Blick nach Norden, zeigt sich oberhalb einer gewaltigen Endmoräne das Massiv des Kimshung (6.745 m) mit seinem beeindruckenden Eisfall. Haben Sie die Brücke überschritten, erreichen Sie nach einer letzten Anstrengung beim Anstieg durch alte Endmoränen Kyanjin Gompa (3.850 m, 2 Std. 15 Min.). Auch hier thront über dem Ort ein 600 Jahre altes Kloster, das leider ebenfalls oft verschlossen ist. Insgesamt macht es einen eher traurigen Eindruck.

Wie in Langtang haben Sie auch hier die Möglichkeit, Yakkäse einzukaufen. Die seit fast fünf Jahrzehnten produzierende Käserei wurde mit Schweizer Hilfe errichtet und befindet sich in der Nordwestecke der kleinen Siedlung.

Auch Kyanjin Gompa hat sich erst mit der touristischen Erschließung der Region zu einer dauerhaft bewohnten Ansiedlung entwickelt. Die vielen kleinen Lodges bieten Vergleichbares, sehr freundlich bewirtschaftet wird beispielsweise die Sherpa Lodge.

## Ausflüge von Kyanjin Gompa

Von Kyanjin Gompa aus können einige hochinteressante Ausflüge unternommen werden, so dass Sie hier zwei bis drei Übernachtungen einplanen sollten.

## 1. Zu den Kyanjin Peaks

Haben Sie nur wenig Zeit, so sollten Sie auf alle Fälle die Kyanjin Peaks direkt nördlich der Siedlung besteigen. Bei diesem Unterfangen können Sie entweder auf etwa 4.300 m oder bis auf 4.600 m aufsteigen.

Die Aufstiegsroute zum höheren Aussichtspunkt führt über den niedrigeren Peak, so dass Sie sich noch unterwegs für eine der beiden Varianten entscheiden können.

Der Aufstieg beginnt gleich oberhalb der Lodges und nimmt etwa 1½ bis 2½ Std. in Anspruch. Oben können Sie dann einen schönen Blick über das Tal und die umgebende Bergwelt genießen.

## 2. Auf den Tsergo Ri (4.984 m)

Ein noch anstrengenderes Unterfangen ist die Besteigung des Tsergo Ri, der nur wenige Meter unter der magischen 5.000er-Grenze bleibt. Der Aufstieg ist sehr steil und wegen der großen Höhe anstrengend.

Sie sollten beim ersten Tageslicht starten, so dass das gewaltige Panorama auf dem Gipfel nicht durch Wolken Ihren Blicken entzogen bleibt.

*Gebetsfahnen auf dem Gipfel des Tsergo Ri*

Folgen Sie dem Hauptweg von Kyanjin Gompa nach Osten, bis Sie nach etwa 15 Min. einen tief eingegrabenen Schmelzwasserbach queren müssen. Die Steine im Bachbett können überfroren sein!

Direkt hinter dem Bach verlassen Sie den Hauptweg und folgen für einige Minuten dem Pfad bachaufwärts. Bald windet sich diese Route in vielen Serpentinen auf den Grat eines Rückens empor, der bereits zum Bergstock des Tsergo Ri gehört.

In der Nähe einiger Kharkas gabelt sich der Weg. Der kürzeste und deutlichste Weg zum Gipfel verläuft weiter geradeaus auf dem Grat, und diese Route sollte beim Auf- und Abstieg auch genutzt werden. (Der rechte Abzweig führt zunächst in ein Seitental, um dann ansteigend um den ganzen Bergstock des Tsergo Ri herumzuführen. Auch dieser Weg passiert mehrere Kharkas - die letzten trifft man auf einer Höhe von 4.880 m an. Hinter diesen wird der Pfad undeutlicher und führt noch etwas in dem kleinen Seitental am linken Hang entlang. Dieser Hang muss bald erklommen werden, von oben ist weiter westlich der mit Gebetsfahnen geschmückte Gipfel des Tsergo Ri zu erkennen.)

*Panoramablick vom Gipfel des Tsergo Ri*

Der Weg über den Hauptaufstiegsgrat führt im oberen Bereich durch etwas unübersichtliche Geröllfelder, ist dort aber recht gut mit Steinmännchen markiert. Den mit Gebetsfahnen bestückten Gipfel des Tsergo Ri erreicht man nach etwa 4 Std.

Die Aussicht ist unvergesslich. Langtang Lirung, Kimshung und Yala Peak sind zum Greifen nahe. Die tibetische Grenze verläuft im Norden über die Gipfel von Yansa Tsenji und Shalbachum. Im Osten und Südosten sind Karpo Ri, Lenpo Gang, Dorje Lakpa, Langshisha Ri, Kanchengpo und Ponggen Dokpu bestimmend. Östlich des Naya Kang fällt der Blick unweigerlich auf den unnahbaren Pass Ganja La im Süden.

Der Abstieg vom Tsergo Ri nimmt etwa 1 Std. 45 Min. in Anspruch.

### 3. Ins obere Langtang-Tal

Wer genug von den vielen Höhenmetern hat, kann auf dem Hauptweg nördlich des Flusses im Langtang-Tal eine wunderschöne Talwanderung mit beeindruckenden Ausblicken bis zum Fuß des Langshisha Ri unternehmen. Allerdings müssen dabei eine ganze Reihe von Bächen überquert werden. Auch sollte man die Uhr im Auge behalten, damit der Rückweg nicht zu spät angetreten wird.

### 4. Zum Kimshung-Eisfall

Bei dem Stupa oberhalb des Klosters beginnt ein Pfad, der talaufwärts Richtung Norden immer am Hang rechts des Gletscherflusses entlangführt. Sie kommen dem spektakulären Kimshung-Eisfall nahe, sollten aber einen respektvollen Abstand wahren, da Stein- und Eisbrocken herabpoltern können.

## Der Rückweg von Kyanjin Gompa

Von Kyanjin Gompa aus sollten Sie den bereits bekannten Weg als Abstiegsroute nach Syabru Bensi wählen. Diese Strecke ist auch in zwei Tagen zu schaffen, wobei eine Übernachtung irgendwo zwischen Ghora Tabela und Rimche denkbar ist.

Das letzte Stück zwischen dem alten Erdrutsch und Syabru Bensi ist in einem eigenen Abschnitt bereits beschrieben worden. Dies gilt auch für Hinweise zum Bustransfer nach Kathmandu. (☞ Trekkingrouten in Helambu, Gosainkund und Langtang; Der Trekkingstart in Syabru Bensi & Syabru Bensi)

Das Langtang-Tal kann von Kyanjin Gompa aus auch über den Ganja La-Pass in Richtung Helambu verlassen werden. Dieses ambitionierte Vorhaben erfordert jedoch eine entsprechende Ausrüstung und alpine Erfahrung. (☞ Über den Ganja La)

# Das östliche Helambu

Die folgende Wegbeschreibung knüpft an die des westlichen Helambu an. Wenn von Tharepati aus nicht der Laurebina La-Pass in Richtung Gosainkund überschritten werden soll, so kann das Trekking mit der 4. Tagesetappe auch im östlichen Helambu fortgesetzt werden.

## Etappe 4 a: Tharepati (3.580 m) - Melamchi (2.530 m)

2 Std. 30 Min.

Die Strecke nach Melamchi ist kurz, beinhaltet aber einen steilen Abstieg von mehr als 1.000 m. Der Weg beginnt hinter der Sumcho Lodge. Gleich beim Beginn des Abstieges kommen Sie an einer Wasserstelle vorbei, die einen Teil der Wasserversorgung Tharepatis sicherstellt.

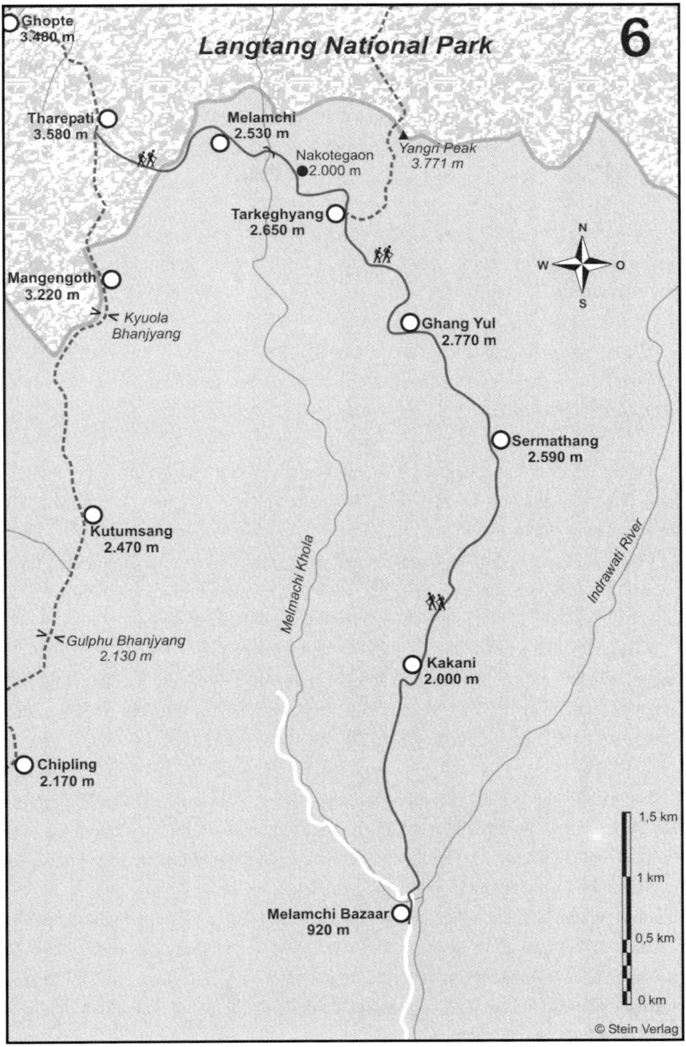
Langtang National Park
6
Ghopte
3.480 m
Tharepati
3.580 m
Melamchi
2.530 m
Nakotegaon
2.000 m
Yangri Peak
3.771 m
Tarkeghyang
2.650 m
N
W
O
S
Mangengoth
3.220 m
Kyuola
Bhanjyang
Ghang Yul
2.770 m
Sermathang
2.590 m
Kutumsang
2.470 m
Melmachi Khola
Indrawati River
Gulphu Bhanjyang
2.130 m
Kakani
2.000 m
Chipling
2.170 m
1,5 km
1 km
0,5 km
0 km
Melamchi Bazaar
920 m
© Stein Verlag

Auf dem oberen Abstiegabschnitt können Sie noch das gewaltige Panorama ( ) der Himalayabergwelt genießen, bevor Sie in dichtes Grün eintauchen. Auf der gegenüberliegenden Talseite fällt der 3.771 m hohe Yangri Peak mit einem Stupa auf dem Gipfel auf. Dieser heilige Berg Helambus wurde nach der Göttin Ama Yangri benannt. Zu Füßen des Berges liegen die Dörfer Tarkeghyang und Nakote.

Bald führt der steile Pfad direkt durch einen hohlen Baum, der wohl durch Blitzschlag ausgebrannt ist. Nach 1 Std. 15 Min. verläuft der Weg für wenige Meter in einem kleinen Bachbett, bevor er auf einen breiteren Weg trifft, dem Sie abwärts Richtung Nordosten folgen. Auch hier fließt oft etwas Wasser.

Wenig später überqueren Sie auf einer Brücke oder auf Steinen einen Bach und laufen auf dem Pfad noch etwa 10 Min. vorbei an einem alten Stupa zur Ruine eines Gebäudes (1 Std. 30 Min.).

Hinter der Ruine folgt der Weg weiter abwärts in den Wald. War bisher Nadelwald bestimmend, so wandern Sie nun durch einen schönen Mischwald aus Eichen, Rhododendron, Ahorn und Tannen.

Nach 2 Std. 15 Min. kreuzen Sie auf einer alten Hängebrücke einen Zufluss des Melamchi Khola. Weitere Brücken werden überquert und ein alter Stupa passiert, bis die Wild View Lodge Sie in Melamchi willkommen heißt.

Fast jedes Haus am Hauptweg durch den kleinen Ort zum Kloster dient als Lodge, wo Sie oft echten Familienanschluss genießen können. Größer, und bei Gruppen beliebt, ist die Yangrima Lodge. In der Nähe des Klosters ist neben der Himalaya Lama Lodge auch die Tashi Dhelck Lodge zu finden.

Die Bewohner Melamchis erwirtschaften ihren Lebensunterhalt als Bauern. Die Felder liegen im Herzen des Ortes. Angebaut werden hier vor allem Gerste, Kartoffeln und Rettich. Ein Teil der Ernte wird in Melamchi Bazaar (der Endpunkt der Helambu-Trekkingtour) in Reis umgetauscht.

Im Zentrum Melamchis befindet sich auch das Kloster, das von vielen Einwohnern jeden Morgen fünfmal umrundet wird. Gleich links des Haupteingangs ist eine schöne Wandmalerei zu sehen. Dargestellt ist das Rad des Lebens, welches von Yama, dem Gott des Todes, gehalten wird. Ähnliche Darstellungen finden sich in der buddhistischen Kunst sehr oft.

*Feldarbeit in Melamchi*

Sowohl im Erd- als auch im Obergeschoss befinden sich Andachtsräume. Im Obergeschoss werden unter anderem die Masken für besondere Zeremonien und Feste aufbewahrt. Dann führen verkleidete Mönche nach strengen Regeln Tänze und Schauspiele auf, die buddhistische Glaubensvorstellungen und Geschichten wiedergeben.

Am oberen Ortsrand im Nordwesten ist ein Felsüberhang, geschmückt mit einer großen Zahl von Gebetsfahnen, zu sehen. Hier soll einst der heilige Padmasambhava meditiert haben. Der Guru soll nach Helambu geflogen sein, nachdem er die Bevölkerung von Tibet zum Buddhismus bekehrt hatte. Er gilt als der Begründer der bedeutenden Ningmapa-Schule, eine der vier großen Schulen dieser Religion, die unter den nepalesischen Himalayavölkern weit verbreitet ist.

Um den meditierenden Heiligen vor Kälte zu schützen, sollen sich an der Decke des heute ummauerten Felsüberhanges auf natürliche Weise die Symbole der Gestirne Sonne und Mond gebildet haben. Sie sind noch immer zu sehen und gehen vermutlich auf Mineralablagerungen zurück. Im Innenraum ist dem Guru ein Schrein gewidmet.

## Etappe 5 a: Melamchi (2.530 m) - Melamchi Khola (1.900 m) - Tarkeghyang (2.650 m) 3 Std.

Der Weg von der Tashi Dhelck Lodge führt abwärts zum Südende des Dorfes, wo bei einer Stupa-Gruppe der lange Abstieg zum Fluss Melamchi Khola beginnt. Mehrere Stupas werden passiert. Am gegenüberliegenden Hang sind bereits die Dörfer Nakote und Tarkeghyang zu sehen, letzteres das Tagesziel. Man bleibt immer auf dem abwärts führenden Hauptweg.

Nach etwa 30 Min. sollten Sie innehalten, um den späteren Anstieg auf der anderen Talseite zu überblicken.

Dieser führt nämlich durch das verwirrende Wegenetz des ausgedehnten Dorfes Nakote: Der Aufstieg verläuft von der Hängebrücke im Tal zunächst am Bach aufwärts, quert dann hinüber zum gut sichtbaren Kloster und führt schließlich vorbei an der Schule (L-förmiges, flaches Gebäude halbrechts oberhalb des Klosters), um dann erneut einen Bach zu überschreiten. Danach geht es durch Terrassenfelder und Buschwerk aufwärts nach Tarkeghyang.

Doch zunächst folgen Sie dem Weg weiter ins Tal. Dieser erreicht dort nach 1 Std. in der Nähe der Riverside Lodge und eines mit buddhistischen Motiven bemalten Felsens bei einem Stupa die Hängebrücke über den Melamchi Khola.

Halten Sie sich nach der Überquerung rechts und erklimmen Sie dann in Serpentinen den Hang. Der Hauptweg führt bald oberhalb des Hanges in die Terrassenfelder von Nakote. Der Pfad strebt allmählich durch die Felder dem Bachtal zur Rechten zu. Auf der Höhe des Klosters wird dieser Bach auf rutschigen Steinen überquert. Bei einer unscheinbaren Weggabelung folgen Sie rechts in Richtung des Klosters.

Auch hier ist unter den vielfältigen Wandmalereien wieder das Rad der Lehre zu entdecken. Auf dem Dachfirst stützen zwei stilisierte Gazellen (Buddha hielt seine erste Predigt im Gazellenhain von Sarnath bei Benares) das buddhistische Rad der Lehre. Gegenüber dem Klostereingang befindet sich zwischen den Gebetsfahnen eine interessante Skulptur.

Halten Sie nun auf den weißen Stupa zu, der sich 150 m entfernt etwas höher am Hang im Südosten befindet. Oberhalb des Stupa beginnt ein Trampelpfad, auf dem man steil hinauf zur Schule gelangt. Der Pfad ist sogar durch einen Hinweis auf einem Stein markiert.

Die Schule hinter einem alten Stupa ist nach 1 Std. 30 Min. erreicht. Ein Trampelpfad hinter dem Gebäude führt weiter aufwärts, wird dann ebener und läuft schließlich erneut auf ein Bachbett rechts von Ihnen zu.

Dieses überqueren Sie auf einer Brücke. Unterhalb sollten Sie unbedingt einen Blick auf die mit Wasser betriebene Kornmühle werfen. Am Weiterweg befindet sich auch der Schieber zur Wasserregulierung.

Die Route steigt bald steil an und verläuft tief ausgetreten zwischen Gebüsch, später, entlang einer Mauer, bergauf. Bei Abzweigungen wählen Sie immer den ansteigenden Pfad. Nach 2 Std. führt der Trampelpfad nach halbrechts auf eine Terrasse und gibt einen schönen Blick auf die Gehöfte jenseits des Bachtals rechts frei.

Der weitere gut erkennbare Weg verläuft oberhalb dieses Bachtals. Nach 2 Std. 45 Min. senkt sich ein Abzweig rechts ins Tal, Sie gehen jedoch weiter links aufwärts an dem Stupa vorbei, wobei die Steigung bald wieder zunimmt.

Nach 2 Std. 45 Min. werden weitere Stupas passiert und der Weg entfernt sich vom Bachtal. Bald wandern Sie an einem Kloster und einer größeren Zahl Stupas vorbei. Wenig später ist Tarkeghyang (3 Std.) erreicht. Gleich das erste Gebäude unmittelbar unterhalb des sehenswerten Klosters ist die Mountain View Lodge, die wärmstens empfohlen werden kann.

Im kleinen und typischen Sherpa-Dorf stehen die Häuser dicht gedrängt zusammen. Von ehemals vielen Lodges sind nur noch zwei übrig geblieben, da einige Bewohner wegen der besseren Verdienstmöglichkeiten nach Kathmandu oder Übersee ausgewandert sind. Strom erreicht den Ort von einem kleinen Wasserkraftwerk.

Das Hotel Tarkeghyang ist am oberen Ortsrand in der Nähe des weißen Stupa zu finden.

## Etappe 6 a: Tarkeghyang (2.650 m) - Sermathang (2.600 m) - Kakani (2.000 m)

4 Std. 15 Min.

Vom Hotel Tarkeghyang weist ein Schild aufwärts nach Sermathang. Das erste Wegstück folgt in etwa der Stromleitung und bleibt unterhalb der Terrassenfelder. Nach etwa 20 Min. können Sie oberhalb der Route einen kurzen Abstecher zum Kloster von Setighyang machen.

*Zwischen Tarkeghyang und Kakani*

Tief unten im Tal ist der Melamchi Khola zu sehen. Bald sind auch schon die Terrassenfelder von Ghyang Yul mit dem markanten Kloster zu entdecken. Kurz vor Erreichen des Ortes können Sie sich eine interessante Kornmühle unterhalb eines Bassins am Wegrand anschauen. Ein Stupa kündigt schließlich den Ort Ghang Yul (1 Std. 15 Min.) an. Durch Felder, auf denen im Herbst hauptsächlich Gerste angebaut wird, gelangen Sie zum Kloster und zur Lodge nur wenige Meter nördlich davon.

Bei den beiden Stupas vor der Lodge beginnt ein schmaler Weg, der zunächst relativ eben Richtung Südosten am Hang entlangführt.

Unter ständigem Auf und Ab wird der große Talkopf des Nebentals traversiert. Nach 2 Std. verläuft die Route schließlich hoch hinauf an den Hang und überquert weit oberhalb einiger Gebäude einen ins Tal führenden Rücken. Dieser Übergang ist mit Gebetsfahnen und einem Stupa markiert.

Bei der Gabelung dahinter folgen Sie dem linken Weg aufwärts. Nach 2 Std. 15 Min. laufen Sie oberhalb des Klosters und der wenigen Gehöfte von Chimighyang vorbei.

*Beim Abstieg aus Helambu nach Melmchi Bazaar (S. 118)*

Während Sie an einer Manimauer entlangwandern, können Sie voraus bereits den Ort Sermathang (2.600 m) mit seinem alten Kloster direkt auf dem Sattel sehen. Nach 2 Std. 30 Min. ist diese schöne Siedlung erreicht.

Neben dem alten Gompa mit Malereien im Eingangsbereich gibt es im Ort noch zwei neuere Klöster. Lohnend ist die Aussicht von dem, das sich ganz in der Nähe des alten Gompa befindet. Hier haben Sie einen schönen Blick hinunter ins Tal des Indrawati Khola.

In Sermathang bieten viele Lodges Unterkünfte an (Yangri Lodge, Mountain View Lodge ...). Informativ ist der Besuch der Zweigstelle des Kathmandu Environmental Education Project (KEEP) gleich beim alten Kloster. Hier befindet sich auch ein Checkpoint des Langtang Nationalparks, wo Ihre Quittung für den Parkeintritt überprüft wird. Es gibt im Ort sogar einige kleine Läden, wo man sich mit dem Notwendigsten versorgen kann.

Gleich unterhalb des alten Klosters beginnt der breite Weg nach Kakani, der zunächst immer rechts des Grates verläuft. Gleich bei den letzten Häusern gabelt sich die Route - laufen Sie hier geradeaus (nicht nach links aufwärts).

Der nun wirklich breite Weg bleibt immer in der Nähe des Grates und führt an mehreren neu errichteten Stupas vorbei. Nach 3 Std. passieren Sie einen alten Stupa oberhalb einiger Gehöfte. Dieser steht genau auf dem Bergrücken, so dass sich wieder eine schöne Aussischt bietet.

Bei der folgenden Gabelung folgen Sie dem Weg weiter am Hang entlang und nicht nach rechts ins Tal. Kurz darauf werden zwei Teehäuser erreicht, die zur Pause einladen. Nach 3 Std. 30 Min. markieren erneut Stupas und Manimauern den Beginn eines stärkeren Gefälles.

Bald kann der Blick frei über den ganzen Abstiegsgrat bis hinunter zum Zusammenfluss von Melamchi Khola und Indrawati Khola bei Melamchi Bazaar schweifen. Bleiben Sie dann bei dem zunehmend steiler werdenden Abstieg immer auf dem Hauptweg.

Über Treppen gelangen Sie dann zu den ersten vereinzelten Häusern von Kakani. Bis zu den wenigen Lodges der Siedlung ist es jedoch noch ein ganzes Stück. Diese werden erst hinter einem Kiefernwald, in dem sich gut zwei Dutzend Stupas verstecken, nach 4 Std. 15 Min. erreicht. Unterkunft bieten hier die Everest Lodge und die Kakani Tsholing Lodge an, wobei erstere insbesondere bei Gruppen beliebter ist.

## Etappe 7 a: Kakani (2.000 m) - Melamchi Bazaar (920 m) 2 Std. 30 Min.

### Mit dem Bus von Melamchi Bazaar nach Kathmandu

1.000 m Abstieg prägen den letzten Trekkingabschnitt. Man sollte nicht zu spät starten, um nicht den letzten Bus nach Kathmandu zu verpassen.

Der Weg führt nach links um den Hügel mit der Stupa durch die ausgedehnten Terrassenfelder von Kakani. Meist geht es in unmittelbarer Nähe des breiten Hügelkammes hinab. In den Feldern scheint sich der Pfad manchmal zu verlieren, er verbreitert sich dann aber wieder im schütteren Kiefernbestand.

Nach 45 Min. gelangen Sie zu den ersten Häusern von Pokari Dubachaur. Hier sollten Sie sich leicht rechts in Richtung Stupa in den Feldern halten. Sie passieren die einfache Shiva Shakti Lodge und später das ebenfalls spartanische Langtang Guesthouse.

Im Ort gibt es einige Geschäfte, die von der nahenden Zivilisation künden. Viele Gebäude sind mit dem roten, lehmigen Boden der Gegend verputzt. Am Ortsausgang treffen Sie auf einen Shiva-Schrein unter riesigen Kiefern.

Vom Ortsrand folgen Sie auf breitem Weg abwärts durch Kiefernwald und bald kommen auch die ersten, noch vereinzelten Häuser von Melamchi Bazaar in Sichtweite. Im Tal fällt der Blick auf den Zusammenfluss der beiden Flüsse.

Recht steil wandern Sie nun zur Hängebrücke (2 Std. 15 Min.) hinab, die Sie überqueren. An der anderen Seite angekommen, steigen Sie gleich zur Straße neben dem Flussbett des Melamchi Khola hinab. Danach können Sie dieser Straße zwischen den billigen Teehäusern hindurch zur Bushaltestelle folgen, die nach wenigen Minuten erreicht ist (2 Std. 30 Min.).

Die Bushaltestelle finden Sie kurz vor dem Ortsausgang. Auf der linken Straßenseite können Sie an einem unscheinbaren Schalter eine Fahrkarte (€ 1) nach Kathmandu erstehen. Direktbusse nach Kathmandu starten etwa stündlich, der letzte allerdings bereits gegen 15:00.

Einmal im Bus gibt es bereits nach wenigen Metern hinter dem Ortsausgang einen Stopp, wo erneut Ihre Nationalparkeintritts-Quittung überprüft wird.

Die Fahrzeit nach Kathmandu hängt stark von der Anzahl der Sicherheitsüberprüfungen durch Polizei und Armee und der Verkehrslage im Kathmandu-Tal ab. Man sollte mit 3 bis 5 Std. rechnen.

Zunächst folgt die Fahrstrecke auf einer holprigen Piste dem Indrawati-Tal mit seinen vielen Reisfeldern.

Nach etwa 2 Std. stoßen Sie dann auf den asphaltierten Arniko Highway zwischen Kathmandu und der tibetisch-nepalesischen Grenzstadt Kodari. Meist wird hier eine Pause eingelegt.

Während der letzten 50 km bis in die Hauptstadt passiert der Bus das für seinen schönen Blick auf den Himalaya bekannte Dhulikhel und etwas später die eher unschöne Stadt Banepa. Bald danach führt die Straße hinein in das weite Kathmandu-Tal. An Bhaktapur vorbei fährt der Bus in die Metropole zum Busbahnhof am Ratna Park.

# Über den Ganja La (5.122 m) - Von Langtang nach Helambu

Der Ganja La hat für die Bewohner Langtangs und Helambus schon immer eine wichtige Rolle gespielt, manchmal auch als Handelsroute. Dies lässt die Erzählung eines, zugegebenermaßen etwas angetrunkenen, Lamas aus Langtang vermuten, den H. W. Tilman traf: *"I managed to grasp his fairly lucid exposition of the trade cycle which began by sending butter to Kyirong where it was exchanged pound for pound with salt; the salt then being carried over the Ganja La to Helmu to be exchanged for rice, which was taken to Kyirong during the winter, when butter was scarce."* (H.W. Tilman, Nepal Himalaya, 1952)

**Wichtige Besonderheiten**

☞ Die Überquerung des Ganja La ist ein sehr ambitioniertes Vorhaben, dessen Gelingen natürlich insbesondere von den Witterungsverhältnissen und den Bedingungen am Pass abhängig ist. Trotz optimaler Ausrüstung kann es deshalb noch kurz vor dem Pass notwendig werden, das Unternehmen abzubrechen. Diese Entscheidung sollte dann auch getroffen werden, ein Querungsversuch auf "Biegen und Brechen" führt zu nichts und bringt Sie und andere unnötig in Gefahr.

Die günstigsten Voraussetzungen für das Vorhaben bieten die Wochen von Mitte Oktober bis Anfang Dezember. Von Januar bis Ende März ist der Pass meist nicht zu begehen.

In den restlichen Monaten des Jahres sind die Erfolgsaussichten stark von der Schneemenge in der Nähe des Ganja La abhängig. Muss mit viel Schnee gerechnet werden, sollte von einem Versuch abgesehen werden. Beraten Sie sich deshalb mit Guides oder Lodgebesitzern in Kyanjin Gompa.

☞ Bedenken Sie immer, dass die Witterungsverhältnisse sich schnell ändern können. Oft ist die Wetterlage in Helambu (auf der anderen Passseite) bei weitem nicht so stabil wie in Langtang.

Die lange Passage zwischen Kyanjin Gompa und Tharkegyang ist mit der bisher beschriebenen Trekkingroute nicht zu vergleichen. Während der mindestens drei, aber eher vier oder fünf Tage (zwei bis vier Übernachtungen) werden an das

*Beim Aufstieg zum Ganja La*

bergsteigerische Können und die Ausrüstung völlig andere Anforderungen gestellt:

▷ Zwischen den genannten Siedlungen gibt es keine Lodges. Nur in größeren Abständen sind überdachte Kharkas zu finden. Deshalb sollten Sie unbedingt Zelt, Schlafsack, Isomatte, warme Kleidung, Gletscherbrille, Verpflegung und Kocher dabeihaben. Unerlässlich ist die Mitnahme von Kompass und einer guten topografischen Karte. Weder die Skizzen im vorliegenden Buch noch die billigen nepalesischen Karten können diese ersetzen. Zu empfehlen ist die Expeditionskarte der Alpenvereinskartographie, 0/11 Langthang Himal Ost, 1:50.000, die die Strecke bis kurz vor Dhukpu abdeckt. Der Ganja La wird hier als Gangtsa La bezeichnet. Sie kann in Europa, zur Not auch (meist) in Kathmandu gekauft werden.

▷ Generell ist zwischen Kyanjin Gompa und Tarkeghyang, insbesondere hinter dem Pass, nur sporadisch Wasser zu finden und dies auch noch in Abhängigkeit von jahreszeitlichen Schwankungen. Relativ sichere Quellen sind in der Wegbeschreibung aufgeführt. Nehmen Sie also Wasserflaschen oder Säcke mit, die Sie dann auffüllen können.

▷ Der Aufstieg etwa vom "Base Camp" bis zum Pass ist zum großen Teil extrem steil, ebenso das erste, allerdings recht kurze, Stück des Abstiegs. Dies wird vor allem dann problematisch, wenn die Hänge tief verschneit oder gar vereist sind. Möglicherweise muss dann schon hier entsprechende Ausrüstung eingesetzt werden. Umso mehr trifft dies für die letzten Meter vor dem Pass zu, wo eine kleine Felswand gequert werden muss. Ist diese vereist, gibt es ohne Ausrüstung kaum ein Weiterkommen.

▷ Bei wirklich guten Bedingungen kommen Steigeisen, Eispickel und Fixseil wohl nicht zum Einsatz. Da sich die Witterungsbedigungen schnell ändern können, ist deren Mitnahme unbedingt zu empfehlen ist. Sonst kann bei Schlechtwetter selbst der Rückzug vom Hochlager vor dem Ganja La zum Problem werden.

▷ Auf der langen Strecke zwischen Kyanjin Gompa und Tarkeghyang sind Sie oft ganz auf sich allein gestellt und werden meist über Tage niemandem begegnen. Die Orientierung kann bereits bei guter Sicht schwierig sein. Hüllt sich aber plötzlich alles in Nebel, so kann dies zur ernsten Gefahr werden.

✋ Dies bezieht sich vor allem auf die Wegstrecke zwischen Kyanjin Gompa und Keldang. Danach ist der Pfad einfacher zu finden. Deshalb sollten Sie zumindest bis Keldang einen lokalen Führer aus Kyanjin Gompa mitnehmen. Je nachdem, wie lange Sie bis Keldang benötigen, kostet dies zwischen € 35 und 60. Nehmen Sie die Strecke generell nie allein in Angriff!

▷ Sie bewegen sich lange Zeit zwischen 4.000 und 5.000 m. Beachten Sie daher unbedingt die Hinweise zur Höhenkrankheit (☞ Reise-Infos von A bis Z, Gesundheit, Impfungen und Höhenkrankheit).

## Wegbeschreibung

✋ Die Zeitangaben verstehen sich nur als grobe Richtwerte, die sich ausschließlich auf günstige äußere Bedingungen beziehen!

Der Aufstieg zum Pass beginnt bei der Brücke über den Langtang Khola unterhalb von Kyanjin Gompa. Hier ist es wichtig, den richtigen Pfad durch den Wald zu wählen. Dieser beginnt bei einem großen Felsen oberhalb der kleinen

Seen. Im Zweifel sollten Sie einfach den Waldrand ablaufen und nach dem Pfad Ausschau halten.

Nach etwa 20 Wegminuten durch Rhododendron und Wacholder erklimmt der Pfad einen Rücken oberhalb des Waldes und folgt ihm aufwärts. An einem großen Steinmann vorbei erreichen Sie nach 40 Min. die Kharkas von Ngegang (etwa 4.150 m).

Hinter den Kharkas führt der Pfad Richtung Südosten in ein Steinfeld hinab, wo er sich zwischen großen Steinbrocken hindurchwindet. Hier sollten Sie den Weg nicht verlieren, der nur sporadisch mit Steinmännchen markiert ist. Der Pfad verläuft am Fuß des Hanges, der das Steinfeld nach oben hin begrenzt. Nach unten hin wird das Geröllfeld von einem Rücken abgeschlossen, der mit Gebetsfahnen markiert ist, welche von Kyanjin Gompa aus zu sehen sind.

Der Pfad führt weiter nach Südosten und durchquert erneut eine Senke mit großen Steinen. Er läuft auf den markanten Rücken voraus im Osten zu und führt zunächst zu einem kleinen Sattel, der mit einem großen Steinmann markiert ist.

Am Fuß des Rückens überqueren Sie einen kleinen Bach, wo Sie sich mit Wasser (♦) versorgen sollten. Wahrscheinlich gibt es zwar sowohl im

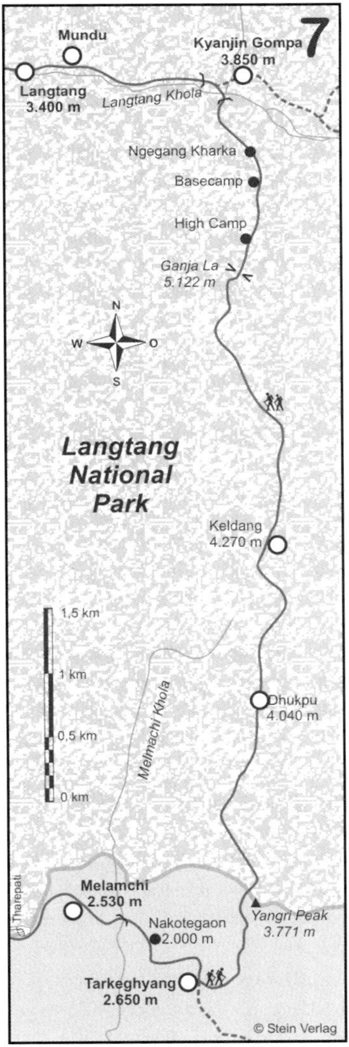

so genannten Basislager gleich hinter dem Rücken als auch im Hochlager Wasser, aber verlassen können Sie sich darauf nicht. Sicher mit Wasser zu rechnen ist erst wieder hinter dem Pass.

Steil geht es zum Sattel mit den Steinmännchen auf dem Rücken hinauf. Nach 1 Std. 30 Min. stehen Sie oben und können den Blick auf einen Teil der Aufstiegsroute genießen. Vom Sattel führt ein ausgesetztes (✋) kurzes und schmales Pfadstück auf gleicher Höhe nach Süden um den Hang herum. Danach verläuft der Pfad hinab auf eine ebene Grasfläche mit Resten von Windschutzmauern und meist einem kleinen Tümpel (💧?). Diese Fläche, die sich gut zum Zelten eignet, wird als Base Camp (4.350 m) bezeichnet. Da das Hochlager vor dem Pass noch etwa 500 m höher liegt, kann hier gut übernachtet werden, um Akklimatisationsproblemen vorzubeugen. Der weitere Weg führt nach Süden den steilen Rücken empor bis auf dessen Grat. Folgen Sie dann dem Grat aufwärts bis zu der steilen Felswand. Von hier aus verläuft der Pfad noch einige Meter am Hang entlang auf das Bachbett zu, das schließlich überquert wird. In dieser Höhe ist es oft nicht wasserführend, trotzdem können die Steine überfroren sein.

Achten Sie hier unbedingt (✋) auf Steinmännchen, denn bald klettert die Route den Steinmännchen folgend aus dem tiefen Bachbett heraus. Es beginnt ein langer und sehr steiler Aufstieg am grasigen Hang weit oberhalb des Baches, der recht gut mit Steinmännchen markiert ist.

✋ Bei Schnee oder gar Eis kann es hier extrem glatt sein und entsprechende Ausrüstung erforderlich werden.

Nach 3 Std. 30 Min. ist eine nur noch geringfügig ansteigende Moränenlandschaft erreicht, durch die Sie sich weiter südwärts dem Pass annähern. Auch der Pfad über die Moräne ist gut mit Steinmännchen markiert. Es geht entlang der linken, östlichen Seite des großen Kessels. Nach einer Weile führt die Route von der Seitenmoräne zur Grundmoräne hinab. Auf der westlichen Seite des Tals fällt die fast kreisrunde Endmoräne eines Hängegletschers auf. Nach 4 Std. 30 Min. treffen Sie im äußersten Südost-Ende des Kessels auf einen großen Steinmann. Die wenigen, zum Teil von Steinen befreiten Zeltmöglichkeiten hier markieren das Hochlager vor dem Pass nur wenig unterhalb der 5.000 m-Marke. Meist lässt sich unter einer Eisschicht in der Nähe des großen Steinmanns auch Wasser (💧 ?) finden. Sicher ist dies allerdings nicht.

*Auf dem Ganja La*

Das Hochlager sollte nur bei wirklich guter Akklimatisation zur Übernachtung genutzt werden. Es hat allerdings den Vorteil, den Pass bereits sehr früh, bei den vermutlich besten Witterungsbedingungen auch auf der anderen Seite überqueren zu können.

Der Ganja La-Pass kommt oberhalb des Geröllhangs im Süden in Sicht. Der teilweise mit Steinmännchen markierte Weg vom Hochlager zum Pass beginnt bei dem großen Steinmann im Südost-Ende des Kessels. Der Pfad führt auf den Geröllhang unterhalb des Passes zu, der sich rechts der steilen Felswand erstreckt. Zwischen der Felswand und dem Geröllhang befindet sich ein Kamin, zu dem die Route hinführt. Dieser Kamin wird im unteren Bereich nach links gequert. Danach wird die Felswand Richtung der flatternden Gebetsfahnen auf dem Pass traversiert.

Bei Schnee und Eis sind diese letzten Meter vor dem Pass die wohl schwierigste Passage der gesamten Tour. Fixseile und Steigeisen und/oder Eispickel können hier notwendig werden. Nur bei wirklich guten Bedingungen ist die Überquerung ohne Hilfsmittel möglich. Hat man die erforderliche Ausrüstung nicht dabei, muss eventuell sogar der Weg zurück angetreten werden.

Der Ganja La-Pass (5.122 m) östlich des 5.844 m hohen Naya Kang ist nach 6 Std. erreicht. Das Panorama nach Norden und Süden ist phantastisch und unvergesslich.

Der Abstieg beginnt gleich bei den Gebetsfahnen und führt über loses Geröll zunächst in Richtung Gletscher. Das Geschiebe ist rutschig. Auch weiter oben losgetretene Steine können gefährlich werden.

Auf halber Hanghöhe wendet sich die Route, kaum noch als Pfad erkennbar, nach Osten zur großen Seitenmoräne auf der östlichen Talseite hin. Ist die Seitenmoräne erreicht, verläuft der Pfad mehr oder weniger auf ihrem Rücken. Erst nach 6 Std. 30 Min. wird der Weg deutlicher, da er jetzt teilweise mit Steinmännchen markiert ist.

Die Strecke folgt der Moräne nach Süden, ehe man sich nach 6 Std. 45 Min. in Richtung Südosten leicht ansteigend zu einigen großen Steinmännern hinwendet. Dabei wird die Moräne bei zwei gewaltigen Felsbrocken nach halblinks verlassen. Nach wenigen Minuten ist ein Aussichtspunkt mit vielen Steinmännern erreicht und man kann tief hinunter ins Tal blicken. Dort ist links der auslaufenden Moräne ein ebener Platz zu sehen, der als Zeltplatz dienen kann. Hier ist auch Wasser (💧) zu finden. Zu diesem Lagerplatz führt der Pfad.

Dieses südliche Hochlager ist talseitig durch einen felsigen Hügel begrenzt, der links in einem meist trockenen Bachbett oder am Hügelhang umgangen wird. Danach folgen Sie den spärlichen Steinmännern zur linken Seite des Flusses talabwärts. Etwa auf der Höhe des Hauptgipfels der das Tal im Westen begrenzenden Bergkette sollte der Fluss, die letzte hundertprozentig sichere Wasserstelle (💧), gequert werden, wobei die glatten Steine Vorsicht erfordern (8 Std.). Möglicherweise gibt es etwas weiter flussabwärts in der Nähe einer einsamen Gebetsfahne eine Brücke, die aber oft weggespült ist. Am rechten Flussufer folgen Sie zu einer als Steinmann dienenden Steinplatte. (Haben Sie den Fluss auf der Brücke überquert, so befindet sich die Steinplatte etwas weiter flussaufwärts.)

☞ Dem steil abfallenden Haupttal etwas hinter der Gebetsfahne sollten Sie auf keinen Fall folgen.

Bei der Steinplatte sollten Sie nach rechts, weg vom Fluss, abbiegen und die niedrige Hügelkette erklimmen. Nach wenigen Minuten stehen Sie oben, wenden sich nach Südosten und gehen auf einige Mauerreste zu. Im Süden können Sie von hier aus bereits die grasigen Ebenen der Hirten-Sommersiedlung Keldang sehen. Gute Augen entdecken auch die Gebäude und den markanten Stupa. Um zur Siedlung zu gelangen, gibt es zwei Varianten:

❶ Steigen Sie zunächst einige Meter hinunter zum Fuß des südwärts führenden Felshangs zu Ihrer Rechten. An diesem Hang entlang geht es zunächst bergauf und dann auf schlecht sichtbaren Pfad Richtung Keldang, das Sie immer im Blick behalten sollten. Manchmal gibt es Steinmännchen, die Sie durch die vielen Geröllfelder führen. Ein letztes großes Geröllfeld wird oberhalb umgangen, bis Sie dann nach 9 Std. in die Sommersiedlung gelangen.

❷ Eine etwas einfacher zu findende Wegvariante bietet der Abstieg zu den Gebäuderuinen, die sich unterhalb der oben erwähnten Mauerreste befinden. Die Ruinen sind sehr gut in den ersten Wegminuten der Variante 1 zu sehen (links unten). Bei den Ruinen beginnt ein teilweise mit Steinmännchen markierter Pfad, der ebenfalls nach Keldang führt.

Für beide Varianten gilt: Behalten Sie Keldang im Auge.

Keldang ist eine Ansammlung von Kharkas, von denen einige auch ein Dach tragen. Damit eignet sich Keldang auch hervorragend als Unterkunft, zumal es hier auch (fast) immer Wasser (💧) gibt. Es ist eine gute Idee, sich hier für den Rest der Strecke bis Tarkeghyang mit Wasser zu versorgen.

Keldang wird auf dem südwärts führenden Hauptpfad verlassen. Dieser beginnt beim, dem Stupa in südwestlicher Richtung am nächsten gelegenen, Kharka ohne Dach. Der Pfad führt direkt auf den im Süden sichtbaren Rücken zu, der auf einem, mit Steinmännchen und Gebetsfahnen markierten, Pass überquert wird (9 Std. 30 Min.). Kurz hinter diesem Pass gabelt sich der Weg, hier sollten Sie den rechten Abzweig wählen. Voraus wird ein neuer Rücken mit gleich zwei markierten Pässen sichtbar. Der Pfad läuft nun fast direkt auf den höheren, westlichen Pass zu. Sollte der Pfad sich in den Weiden verlieren, gehen Sie einfach weiter in Richtung dieses Übergangs.

Kurz vor dem Anstieg zum Pass passieren Sie einen meist trocken liegenden Tümpel auf der rechten Seite. Beim Anstieg ist der Weg wieder gut erkennbar, der Sie hinter dem Pass hinab zu einigen Kharkas führt (10 Std. 15 Min.).

*Abstieg vom Ganja La-Pass*

Unterhalb des Kharka ohne Dach setzt sich der Pfad fort, der Sie zum Fuß des nächsten, wieder ost-westlich verlaufenden Rückens bringt. Dieser ist höher als die bisherigen, daher müssen Sie über einen langen, diagonal am Hang verlaufenden, Weg kraxeln. Zudem ist dieser steil und oft verschneit.

Nach 11 Std. stehen Sie oben, und Ihnen bietet sich ein schöner Ausblick voraus und zurück. Ganz im Süden ist bereits der große Felshang zu sehen, hinter dem sich Dhukpu, die nächste Sommersiedlung, verbirgt. Bis dahin sind allerdings noch einige weitere Rücken zu überqueren. Je näher Sie Dhukpu kommen, umso beeindruckender wird das Panorama im Osten, wo der Himalaya die ganze Erhabenheit seiner Bergwelt aufzeigt.

Nach 13 Std. ist auch der große Rücken vor Dhukpu bezwungen, der Vorpass ist mit Fahnen markiert. Nach wenigen weiteren Metern aufwärts ist die Siedlung im Tal zu sehen. Auf weiterhin guten Pfaden geht es hinab. Der Hauptweg, vorbei an dem alten Stupa, gelangt etwas westlich (oberhalb) von Dhukpu ins Tal, hat aber den Vorteil, direkt zum bereits gut sichtbaren Gegenanstieg am nächsten Hang zu führen.

Man kann auch vom Pass aus auf Trampelpfaden zu den Kharkas von Dhukpu absteigen. Wie Keldang, bietet sich auch diese Siedlung als Übernachtungsmöglichkeit an. Um Wasser (💧?) zu finden, muss man den Bächen leider meist ein ganzes Stück abwärts folgen.

Auf dem Gegenanstieg durch Rhododendron scheint der Pass lange nicht näher kommen zu wollen, doch oben entschädigt ein grandioser Blick nicht zuletzt auf die weitere Abstiegsroute für die Mühen. Diese Route folgt von hier aus dem zackigen Hauptkamm steil abwärts.

Der gut erkennbare Weg kreuzt bald den Grat und verläuft dann meist auf dessen westlicher Seite. So können Sie das Panorama in beide Richtungen genießen. Im Westen ist mit Melamchi tief unten bereits das erste Dorf zu erkennen, von dem manchmal Hundegebell heraufschallt.

Häufig passiert der Weg einzelne Kharkas. Nach 14 Std. 45 Min. steigen Sie zu einer Art Sattel ab. Auf dem Hügel voraus flattert ein Gebetsfähnchen, direkt auf dem Sattel steht auf einer kleinen Erhebung ein gut erhaltenes Kharka.

Pfade führen auf den Hügel und links um diesen herum, Sie aber folgen dem Hauptweg, der sich nach rechts (westlich) über einen kleinen Erdrutsch um den Hügel windet. Nach kurzer Zeit liegt der Hügel hinter Ihnen und Sie wandern auf breitem Weg. Bald biegt dieser nach links (Süden) ab und visiert einen markanten Berg mit einem Stupa auf dem Gipfel an. Dies ist der 3.771 m hohe Yangri Peak, einer der heiligen Berge Helambus. Gleich hinter der Kurve gibt es eine Quelle (💧?) am Wegrand, die aber ebenfalls nur temporär Wasser führt.

Der weiterhin breite Weg führt durch Wacholder-Rhododendron-Wald und passiert eine Lichtung mit einem Kharka. Der Yangri Peak bleibt immer voraus im Blick. Unterwegs zu seinem Fuß können Sie oft auf das Dorf Melamchi im Westen hinabschauen und kommen schließlich an einem alten Stupa vorbei.

Der Bergfuß ist nach 15 Std. 45 Min. erreicht. Hier befindet sich links, etwas abseits des Weges, ein weiteres Kharka auf einer Alm. Am Fuß des Berges biegt der Hauptweg nach rechts und traversiert zum Teil steil ansteigend die Westhänge des Yangri Peak. Die Traverse ist oft verschneit und entsprechend rutschig.

Über Stufen geht es zum Glück nur 30 Min. aufwärts, bis Gebetsfahnen ein Ende der Strapaze ankündigen (16 Std. 15 Min.).

Sie steigen jetzt allmählich über die Südseite des Massivs ab. Unten zeigt sich mit dem von oben wegen der vielen Wellblechdächer eher unansehnlich wirkenden Dorf Tarkeghyang endlich das Ziel der Trekkingtour über den Ganja La.

Der Pfad senkt sich nach einigen Minuten zu einem Pferch, wo Ziegen gehalten werden. Hier gabelt sich der Weg und Sie wählen natürlich die Abstiegsroute rechts. Dieser Pfad verläuft im unteren Bereich durch einen wahren Rhododendron-Dschungel. Schließlich treten Sie aus dem Wald heraus und stehen vor dem Gebäude auf einem Sattel, welches schon von oben zu sehen war (17 Std. 15 Min.).

Hier beginnt der letzte Abstiegsabschnitt. Sie wenden sich nach rechts (Westen) und steigen den Hang hinab. Der Abstieg dauert, nicht zuletzt wegen des lehmigen und rutschigen Bodens, länger als erwartet.

Nach 18 Std. ist Tarkeghyang erreicht. Im Dorf kann man sich dem Reiz der typischen Sherpa-Siedlung kaum entziehen. Dicht an dicht stehen die Häuser und in den schmalen Pfaden dazwischen kann man sich fast verirren. Von den ehemals zahlreichen Lodges sind nur noch zwei übrig geblieben. Viele Bewohner des Ortes sind nach Kathmandu oder Übersee abgewandert, so dass einige Gebäude leer stehen.

Tarkeghyang wird durch ein kleines Wasserkraftwerk in der Nähe mit Strom versorgt. Sehenswert im Ort ist auf jeden Fall das Kloster. Gleich unterhalb des Klosters befindet sich die empfehlenswerte Lodge Mountain View, wo man sich von den Anstrengungen der letzten Tage erholen kann.

Das Hotel Tarkeghyang liegt am oberen Siedlungsrand in der Nähe des weißen Stupa.

Von Tarkeghyang aus kann in zwei Tagesetappen nach Melamchi Bazaar abgestiegen werden, von wo Busse nach Kathmandu abfahren (☞ Trekkingrouten in Helambu, Gosainkund und Langtang, Das westlich Helambu).

Kleiner Sprachführer
In Sing Gompa

Neben der Nationalsprache Nepali gibt es noch etwa 50 Minderheitensprachen (Sherpa, Tamang u.a.) und weitere Dialekte. Die meisten Nepalesen sprechen Nepali jedoch zumindest als Zweitsprache.

Nepali ist eng mit dem indischen Hindi verwandt und wird wie dieses in der Devanagri-Schrift geschrieben. Die Wurzeln beider Sprachen sind im klassischen Sanskrit zu finden.

Weit verbreitet, zumindest im touristischen Bereich, ist Englisch. Allerdings kann man sich im ländlichen Bereich nicht immer darauf verlassen, dass Englisch verstanden wird.

So ist es auf alle Fälle sinnvoll, sich einige Worte Nepali anzueignen, auch wenn sie zunächst nicht gerade leicht von der Zunge gehen werden. Grammatische Perfektion wird natürlich von niemandem erwartet. Auf jeden Fall werden Sie auf aufgeschlossene und begeisterte Gesprächspartner treffen, die Ihre Kenntnisse zu würdigen wissen.

### Allgemeine Redewendungen

| | |
|---|---|
| ja/nein | ho/hoina |
| bitte | nuhos |
| danke | dhanyabad |
| Verzeihung | haajur |
| Hallo/Guten Tag! | Namaste/Namaskar! (formell) |
| okay | thiik |
| Auf Wiedersehen! | Namaste! |
| Ich verstehe nicht. | Bujhina. |
| Wie viel kostet das ...? | Yasko kati? |
| hier | yahan |
| dort | tyahan |
| jetzt | aile |
| heute | aaja |
| morgen | bholi |
| gestern | hijo |
| Mutter | ama |
| Vater | babu |
| ältere Schwester | didi |

| | |
|---|---|
| älterer Bruder | dai (mit didi/dai wird man unterwegs häufig angesprochen) |
| teuer | mahango |
| billig | sasto |
| klein | sano |
| groß | thulo |
| gut | ramro |
| schlecht | buro |
| sauber | safaa |
| schmutzig | mailo |

**Speisekarte**

| | |
|---|---|
| Teehaus (einfach) | bhatti |
| Mahlzeit | khaana |
| Wasser | pani |
| Tee | chai |
| Reis-/Hirsebier | chang |
| Hirseaufguss (leicht alkoholisch) | tongba |
| Milch | dudh |
| Reis | bhaat |
| Linsen | dhal |
| Gemüsecurry | achhaar |
| Teigtaschen (gedämpft) | momo |
| Teigtaschen (gebraten) | kothe |
| Kartoffeln | alu |
| Fladenbrot | chapati |
| Brot | roti |
| Fleisch | masu |
| Huhn | kukhura |
| Salz | noon |
| Zucker | chini |

**Zahlen**

| | |
|---|---|
| eins | ek |
| zwei | dui |

| | |
|---|---|
| drei | teen |
| vier | char |
| fünf | panch |
| sechs | chha |
| sieben | sat |
| acht | ath |
| neun | nau |
| zehn | das |
| zwanzig | bees |
| dreißig | tees |
| vierzig | chaalis |
| fünfzig | pachas |
| sechzig | saathi |
| siebzig | sattari |
| achtzig | assi |
| neunzig | nabbe |
| einhundert | saya |
| eintausend | ek hajaar |
| einhunderttausend | lakh |

### Wochentage

| | |
|---|---|
| Montag | Sombar |
| Dienstag | Mangalbar |
| Mittwoch | Buddhabar |
| Donnerstag | Bihibar |
| Freitag | Shukrabar |
| Sonnabend | Sanibar |
| Sonntag | Aitabar |

### Nützliche Wörter im Gelände

| | |
|---|---|
| rechts | daaya |
| links | baaya |
| geradeaus | sidha |
| bergauf | ukaao |
| bergab | oraalo |

| | |
|---|---|
| Fluss | khola |
| Pass | la, deorali |
| Passfuß | phedi |
| Weg | baato |
| Brücke | phul |

# Index

*Das Kloster von Langtang*

# Alle Bücher aus dem Conrad Stein Verlag

## OutdoorHandbücher - Basiswissen für draußen

| Band | | € |
|---|---|---|
| 1 | Rafting | 6,90 |
| 2 | Mountainbiking | 7,90 |
| 3 | Knoten | 6,90 |
| 4 | Karte Kompass GPS | 7,90 |
| 5 | Essbare Wildpflanzen | 7,90 |
| 6 | Skiwandern | 6,90 |
| 7 | Wildniswandern | 6,90 |
| 8 | Kochen 1 aus Rucks. u. Packt. | 7,90 |
| 9 | Bergwandern | 6,90 |
| 10 | Solo im Kanu | 6,90 |
| 11 | Kanuwandern | 7,90 |
| 12 | Fotografieren | 7,90 |
| 13 | Wetter | 6,90 |
| 14 | Allein im Wald - Survival für Kinder | 6,90 |
| 15 | Wandern mit Kind | 6,90 |
| 16 | Sex-Vorb. Technik Varianten | 6,90 |
| 20 | Wüsten-Survival | 7,90 |
| 21 | Angeln | 7,90 |
| 22 | Leben in der Wildnis | 7,90 |
| 24 | Ratgeber rund ums Wohnmobil | 7,90 |
| 25 | Wale beobachten | 7,90 |
| 30 | Spuren & Fährten | 6,90 |
| 31 | Canyoning | 7,90 |
| 34 | Radwandern | 7,90 |
| 35 | Mushing - Hundeschlittenfahren | 7,90 |
| 36 | Gesund unterwegs | 6,90 |
| 39 | Erste Hilfe | 7,90 |
| 45 | Solotrekking | 6,90 |
| 48 | Für Frauen | 6,90 |
| 58 | Fahrtensegeln | 7,90 |
| 65 | Seekajak | 6,90 |
| 68 | Minimal Impact<br>- Outdoor - naturverträglich | 6,90 |
| 69 | Abenteuer Teeniegruppe | 6,90 |
| 70 | Wintertrekking | 6,90 |
| 72 | Schnorcheln und Tauchen | 6,90 |
| 73 | Trekkingreiten | 7,90 |
| 77 | Wohnmobil in USA und Kanada | 9,90 |
| 86 | Regenwaldexpeditionen | 7,90 |
| 94 | Wattwandern | 7,90 |
| 97 | Urlaub auf dem Land | 7,90 |
| 99 | Kochen 2 - für Camper | 6,90 |
| 100 | Ausrüstung 1 - von Kopf bis Fuß | 7,90 |
| 101 | Ausrüstung 2 - für Camp und Küche | 7,90 |
| 102 | Ballonfahren | 6,90 |
| 103 | How to shit in the Woods | 7,90 |
| 104 | Globetrotten | 7,90 |
| 106 | Daumensprung und Jakobsstab | 6,90 |
| 108 | DocHoliday - Taschendoktor für<br>Outdoorer, Traveller und Yachties | 6,90 |
| 120 | Trailfinder - Orientierung<br>ohne Kompass und GPS | 6,90 |
| 129 | Kochen 3 - für Zeltlager & Freizeiten | 7,90 |
| 131 | Zeltlager und Jugendfreizeiten<br>- Planung und Vorbereitung | 7,90 |
| 138 | Zeltlager und Jugendfreizeiten 2<br>Durchführung | 7,90 |
| 143 | Trekking mit Hund | 9,90 |
| 148 | Wenn Kinder fliegen | 7,90 |
| 165 | Fastenwandern | 7,90 |
| 170 | Höhlen - Praxistipps | 7,90 |
| 176 | Vulkane erleben | 7,90 |
| 181 | Kurzweilfibel | 7,90 |

# OutdoorHandbücher - Der Weg ist das Ziel

| Band | | € |
|---|---|---|
| 17 | Schweden: Sarek, Padjelanta, Abisco. | 12,90 |
| 18 | Schweden: Kungsleden | 12,90 |
| 19 | Kanada: Yukon - Kanu- und Floß | 12,90 |
| 23 | Spanien: Jakobsweg | 14,90 |
| 26 | Schottland: West Highland Way | 12,90 |
| 27 | John Muir Trail (USA) | 10,90 |
| 28 | Landmannalaugar (Island) (06) | 12,90 |
| 29 | Kanada: West Coast Trail | 9,90 |
| 32 | Polen: Radtouren in Masuren | 12,90 |
| 33 | Trans-Alatau (GUS) | 10,90 |
| 37 | Kanada: Bowron Lakes | 10,90 |
| 38 | Polen: Kanutouren in Masuren | 12,90 |
| 40 | Trans-Korsika - GR 20 | 12,90 |
| 41 | Norwegen: Hardangervidda | 12,90 |
| 42 | Nepal: Annapurna | 9,90 |
| 43 | Schottland: Whisky Trail | 12,90 |
| 44 | Tansania: Kilimanjaro | 14,90 |
| 49 | USA: Grand Canyon Trails | 10,90 |
| 50 | Kanada: Banff & Yoho NP | 10,90 |
| 51 | Tasmanien: Overland Track | 12,90 |
| 52 | Neuseeland: Fiordland | 10,90 |
| 53 | Irland: Shannon-Erne | 12,90 |
| 54 | Südafrika: Drakensberge | 10,90 |
| 55 | Spanien: Pyrenäenweg GR 11 | 12,90 |
| 56 | Polen: Drawa-Kanutour | 9,90 |
| 57 | Kanada: Great Divide Trails | 10,90 |
| 59 | Kanada: Wood Buffalo NP (Kanu) | 9,90 |
| 60 | Kanada: Chilkoot Trail | 9,90 |
| 61 | Kanada: Rocky Mountains-Radt. | 10,90 |
| 62 | Irland: Kerry Way | 12,90 |
| 63 | Schweden: Dalsland-Kanal | 12,90 |
| 64 | England: Pennine Way | 12,90 |
| 66 | Alaska Highway | 12,90 |
| 71 | N-Spanien: Jakobsweg-Küstenweg | 12,90 |
| 74 | Nordirland: Coastal Ulster Way | 10,90 |
| 76 | Pfälzerwald-Vogesen-Weg | 9,90 |
| 78 | Polen: Pisa-Narew (Kanuroute) | 9,90 |
| 79 | Bolivien: Choro Trail | 10,90 |
| 80 | Peru: Inka Trail u. Region Cusco | 12,90 |
| 81 | Chile: Torres del Paine | 12,90 |
| 82 | Norwegen: Jotunheimen | 12,90 |
| 83 | Neuseeland: Stewart Island | 9,90 |
| 84 | USA: Route 66 | 9,90 |
| 85 | Finnland: Bärenrunde | 9,90 |
| 87 | Montblanc-Rundweg - TMB | 9,90 |
| 88 | Griechenland: Trans-Kreta | 12,90 |
| 89 | Schweden: Skåneleden | 9,90 |
| 90 | Mallorca: Serra de Tramuntana | 9,90 |
| 91 | Italien: Trans-Apennin | 9,90 |
| 92 | England: Themse-Ring | 9,90 |
| 93 | Spanien: Sierra Nevada | 12,90 |
| 95 | Norwegen: Nordkap-Route | 12,90 |
| 96 | Polen: Czarna Hancza/Biebrza-Kanu | 9,90 |
| 98 | Wales: Offa's Dyke Path | 9,90 |
| 107 | GR 5: Genfer See - Nizza | 12,90 |
| 109 | Mecklenburgische Seenplatte | 9,90 |
| 112 | Norwegen: Telemark-Kanal | 9,90 |
| 113 | Thüringen: Rennsteig | 9,90 |
| 114 | Alpen: Dreiländerweg (CH-A-I) | 9,90 |
| 115 | Tschechien: Freundschaftsweg | 12,90 |
| 116 | Spanien: Jakobsweg - Via de la Plata | 14,90 |
| 117 | Schweiz: Jakobsweg | 12,90 |
| 118 | Rund Australien | 14,90 |

119 Schwäb. Alb: Hauptwanderweg 12,90
121 Italien: Dolomiten-Rundweg 9,90
122 Schwarzwald-Jura-Weg 9,90
127 Uganda: Ruwenzori-Wand. (05) 12,90
128 Frankreich: Jakobsweg v. Genf... 14,90
nach Saint-Jean-Pied-de-Port
132 Dem Kommissar auf der Spur - ein lit. 12,90
Reiseführer zu Kriminalschauplätzen.
133 NRW: Natur und KulTour (per Rad) 12,90
134 Deutschland: Vorpommern 9,90
Radtour durch die Nationalparks
135 Deutschland: Schleswig-Holstein Tour 9,90
136 Schweiz: Matterhorn - Tour du Cervin 9,90
137 Grönland: Arctic Circle Trail 12,90
139 Belgien: Jakobsweg - Via Mosana 9,90
140 Italien: Alpiner Wanderweg Friaul 12,90
141 Nordspanien: Jakobsweg 12,90
Alternativroute
142 Jakobsweg Tillyschanz-Konstanz 9,90
144 Kanada: East Coast Trail 9,90
145 Rund Bornholm zu Fuß u. p. Rad (06) 9,90
146 Tschechien: Isergebirge 12,90
147 NRW: Jakobsweg 12,90
149 Norsp. Jakobsweg 9,90
Tunnel v. San Adrian
150 England: Cleveland Way 9,90
151 Kirgistan: Trekking im Tienschan 12,90
152 Nepal: Langtang, 12,90
Gosaikund u. Helambu
154 Deutschland: Rothaarsteig 9,90
155 Odenwald-Scharzwald-Weg (06) 9,90
156 Südafrika: Wild Coast Trail 9,90
157 Österreich: Jakobsweg 14,90
159 Sächsische Schweiz Trekkingt. 9,90
160 Brandenburg: Wochenendtouren 9,90
rund um Berlin
161 Italien: Ligurischer Höhenweg 12,90
162 Frankr.: Jakobsweg - Via Tolosana 12,90
163 Harz: Hexenstieg 9,90
164 Teutoburger Wald: Hermannsweg 9,90
166 Frankreich Jakobsweg: 12,90
Via Lemovicensis
167 Niederl.: Nordseeküsten radweg 12,90
171 Türkei: Lykischer Weg 9,90

## OutdoorHandbücher - Fernweh-Schmöker

Band €
46 Blockhüttentagebuch (R. Höh) 12,90
47 Floßfahrt nach Alaska (R. Höh) 10,90
75 Auf nach Down Under (Australien) 7,90
105 Südsee-Trauminsel (Tom Neale) 9,90
110 Huskygesang - Hundeschlittenf. 7,90
111 Liebe - Schnaps - Tod (Thailand) 7,90
123 Pacific Crest Trail (USA) 9,90
124 Zwei Greenhorns in Alaska 6,90
125 Auf dem Weg zu Jakob 9,90
126 Kilimanjaro-Lesebuch 7,90
130 1000 Tage Wohnmobil 12,90
153 Jakobsweg - Lesebuch 7,90
158 Inselfieber 9,90
182 Als Frau allein auf der 7,90
Via de la Plata

## ReiseHandbücher

| | | | |
|---|---|---|---|
| Äthiopien | 22,90 | Libyen | 22,90 |
| Antarktis | 24,90 | Neuseeland-Handbuch | 18,90 |
| Grönland | 14,90 | Rumänien | 14,90 |
| Iran | 22,90 | Schweiz | 18,90 |
| Kanarische Inseln | 14,90 | Sibirien | 22,90 |
| Kiel | 9,90 | Spitzbergen-Handbuch | 22,90 |
| Kiel von oben - Luftbildband | 9,90 | Tansania / Sansibar | 19,90 |
| Kurs Nord | 24,90 | | |

## Fremdsprech

| Band | | € | | | |
|---|---|---|---|---|---|
| 1 | Oh, dieses Dänisch | 4,90 | 5 | Oh, dieses Französisch | 4,90 |
| 2 | Oh, dieses Schwedisch | 4,90 | 6 | Oh. dieses Russisch | 4,90 |
| 3 | Oh, dieses Spanisch | 4,90 | 7 | Oh, dieses Norwegisch | 4,90 |
| 4 | Oh, dieses Englisch | 4,90 | 8 | Oh, dieses Niederländisch | 4,90 |
| | | | 9 | Oh, dieses Chinesisch | 4,90 |

**☺ Weitere Bücher in Vorbereitung.**
**Fordern Sie unseren aktuellen Verlagsprospekt an:**

Conrad Stein Verlag GmbH
Postfach 1233
59512 Welver
☎ 02384/963912 FAX 963913
www.conrad-stein-verlag.de
info@conrad-stein-verlag.de

Updates, das aktuelle Verlagsprogramm und weitere interessante Informationen zu unseren Büchern finden Sie auch auf unserer Homepage